U0138451

班雅明與他的時代
孤　　寂

2

費德雷‧帕雅克 Frédéric Pajak　著

梁家瑜　譯

Manifeste Incertain

Avec Nadja, André Breton et Walter Benjamin sous le ciel de Paris

目次

「我們喝卻沒有酒，我們睡卻沒有床，
我們前去，我們來到，我們服從。」

「您知道我害怕辯解，但您將看到，我並不害怕宣言。」

樞機主教雷茨[1]，《回憶錄》

　　詩人里奧納多・西尼佳里（Leonardo Sinisgalli）說，沒有人知道時間什麼時候來到我們身邊，什麼時候又離開了我們。我們是否該任由時間突然顯現？為之慌亂？為了消失之事物而感傷？

　　更好的是，在威尼斯，在椴花染白的、漂浮著太陽的花瓣的大海上坐著的，是威尼斯水上巴士的船底，為了抹去穆拉諾（Murano）的名字。

　　走過聖米歇（San Michele）覆滿扁柏的墓園時，我是否聽見了伊斯拉‧龐德（Ezra Pound）的叫喊？知道他的名字被銘刻在樹葉和剛擺上的花朵底下，令人傷心。伊斯拉‧龐德：我會回來。

　　回威尼斯令人痛苦。它浮誇的光彩留給我們這個粗俗的年代。我們遊蕩在它的運河間，在它難以捉摸的交錯迴廊中，迴廊盡頭冒出的是樸素而杳無人煙的廣場。威尼斯的建造是為了處罰未來的時間——它早已被懲罰了。旅行者讓位給遊客，遊客讓位給觀光客。我們再也不會是旅行者了。

　　仍然，睡在老廣場深處的新床上，我們的過去就像是一瞬間的時間。如果瘋狂疼愛我們，我們都將會是老爺與東家。但瘋狂不再，更沒剩一絲魔法好藏在頭髮底下。就連幻覺都不再產生幻覺了。

　　然而，在夜幕降臨時，在一座廢棄教堂鮮紅的陰影中，一位大提琴家開始啜泣，讓我們想起遙遠的日子可以突然變得唾手可得。

　　歷史戴著面具前進，而在面具背後只有我們自己，目光狂亂、口吐微笑。這緊抱著我們的焦慮是什麼？

　　我們害怕住在這世界上，害怕我們隨著時間流去。腐化牆角的淡綠色微臭的水，映照著我們的臉孔，不敢碰觸深處。我們傷害我們自己，而讓我們如此疼痛的傷口，全部，都如此表淺。

我們哭泣，好用我們的淚水解渴。

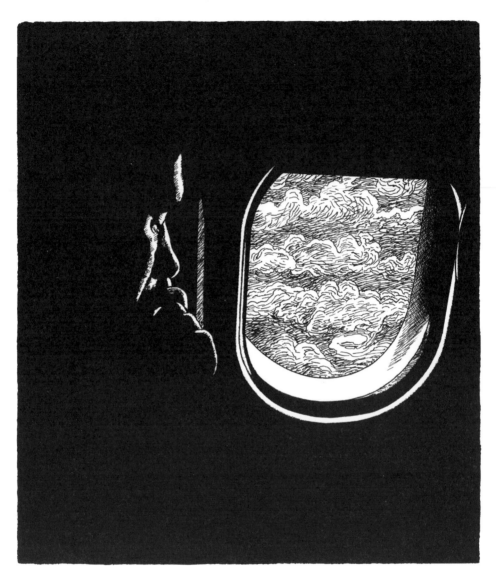

　　我有過一個女朋友，對她而言，當下這一刻還未被活過便已成為過去。霎時發生的一切都即刻已然發生，並立刻刺激她感到一種苦澀的懷舊之情。她總是說：「你記得嗎？」說著尚未流逝的這天。她對灼熱的過去或是燃燒的當下的追憶壓迫著我。我們分手了。後來我們又相逢。然後，又一次，活著的時間不再活著。只有一個辦法：忘記任何一絲記憶並回憶未來。

　　看哪，災難。看哪，幸福。災難與幸福成對而來，徒步走在歷史狹窄的小路上，人們的小歷史，風的沉澱物。

　　在巴黎與史特拉斯堡之間的高鐵的吧檯邊，坐著兩個羅馬尼亞人，二十未滿，還有兩個俄羅斯人，六十左右。查票員走過：

　　「羅馬尼亞人？好啊⋯⋯瞧，他們有票耶！不敢相信！」

　　他們穿過國境，口袋裡或許還有少許歐元。

　　那兩個俄羅斯人，手肘撐在吧檯上，坐在窗子前面。他們像是從無際的荒原中的泥塘深處冒出來的一樣。喬裝打扮的老精靈：頭戴鴨舌帽、套著軟毛帽、腳穿運動鞋，其中一個穿著跳傘員的長褲、紅色滑雪套頭外套，另一個穿著針織高領套衫，上頭的花樣有森林、蘑菇和樺樹。他們開了一瓶紅酒，直接從瓶口灌酒入口，接著又開了一瓶粉紅酒，就著啃起臘腸和起司。他們高聲吼叫，口齒不清。羅馬尼亞人則將頭埋入胸前，一言不發。

　　從玻璃後方，我看著平坦的香檳區死去，冬季荒涼的原野上僅存枝幹光禿的小樹叢。快到巴黎了。兩個羅馬尼亞男孩和兩個飽經戰事的老俄羅斯人，個個不知所措，便將和這座光之城市打交道，品嘗它潮濕的人行道並尋找不可能存在的幸福。幸福？那是求生和碰運氣的故事。一張簽證、一張火車票、一個摯友，這就是冒險！

　　我的祖父就是這樣和他的哥哥一起離開，離開蒂黑（Tychy），一座位於卡托維茲（Katowice）附近的城市。他們抵達法國北部，好在一座煤礦工廠裡工作。這樣就構成了法國的一塊，在這些臂膀的汗水中，屠殺心甘情願的肺臟。但這兩人卻成了畫家。因為沒有足夠的錢維生，他們離開了礦場前往巴黎，然後又去史特拉斯堡，在那兒找到了當畫師的小工作：旅館的壁畫、電影院櫥窗上巨大的明星肖像。

　　然後生活將他們吞噬殆盡：糟糕的運氣、物質的悲慘、各種妥協、婚姻。他們的孩子在史特拉斯堡長大。生活就這樣過去，貧困的生活，他們的小夢想、小喜悅。有得吃。有得住。有酒喝。

　　此時，兩個俄羅斯人已經徹底醉了。他們靠近吧檯，用指尖拈著魚乾。他們
吐不出半個法文字，卻堅持要用幾歐元轉賣他們的食物。吧檯服務生說不要。其
中一個俄羅斯人尖叫，解開他長褲的鈕子，在坐回他的同胞身邊之前。他們猥褻
地咳了幾聲：喉嚨的摩擦聲宛如喇叭。兩個典型的次無產階級（sous-prolétaires），
就像那些羅馬尼亞男孩一樣，什麼都可以做：從最辛苦的雜役到違法行為。他們
在咕噥中驚呼，混雜著笑語怒氣。

　　出現了其他的乘客。俄羅斯人正在跳舞，手中拎著酒瓶。或者毋寧說是蹣跚
走路。他們的動作越來越粗魯，舉止帶著威脅。所有人都感到怕了。吧檯服務生
想通知車長──「有什麼用？」一名乘客反駁。沒錯：有什麼用？

　　下午在我們身上流過卻毫不減弱。窗前的雲影交替雜糅，世界上的水下了點
雨。天氣好得很。

　　東火車站（la gare de l' Est）快到了。才剛經過粗糙的整修與粉刷，顏色彷若粗劣的建築。人們擠在這裡，迷路，用他們無法擺脫的憂愁覆蓋大廳。這兒不幸太多，幸福卻又太少，使得這座老車站終究無法微笑。小販、窮光蛋、路上的閒人、站哨的警察、全副武裝的士兵、不耐煩的遊客，一個被抹在大廳裡的小世界。巴黎總是從某座車站開始。所有人都從這些孔穴中的一個進入或是離開──所有人，除了在空氣裡到來的幽靈，他們坐著玻璃窗密閉的汽車衝進來，以避開他們再也不會見到的一般人的目光。

　　巴黎的每座車站都有自己的氣味、自己的胸膛、自己的瘀青。就要下車前，
抵達的旅客們被趕出他們各自的街區：窮人區或富人區、夢遊者區、渴求馬路上
的擁擠的夢想家區、很快就會對巴黎感到失望的天真愛侶區。要成為巴黎人，就
得獻上自己的血，而要離開這座城市或是其遺蹟，就得把血吞下去。

　　在這裡，一切都才剛浮現。每條路都在詩歌、劇場、歷史的不幸當中，數算著自己的死者。一個反抗者死了。兩個反抗者死了。一千個反抗者死了。德國人曾經慶祝這些人死去。法國人曾經慶祝德國人的慶祝。更之前呢？曾經呼喊過起義、口號與幻想的破滅。那個巴黎早已不再。在這座城市裡，有一座被人們排除的城市，被人們從地圖上消除了。新的居民已經抵達巴黎。他們將成為西堤島的肉，直到人氣街區的下一個堵塞為止。

　　破壞力巨大的機械鏟和足趾尖利的吊車最終破壞了一切，永永遠遠。即將到來的世界並未準備要打造一個世界：人類變成了配件。

1. Cardinal de Retz，原名為 Jean François Paul de Gondi（1613-1679），法國作家，投石黨煽
   動家。

髒小孩的糖果、
餐廳的餐巾和
塞納河上的小船

　　在巴黎，就像在所有大城裡一樣，人們都被迫互相觀看。而非彼此傾聽：互相觀看、觀察、打量。

　　華特‧班雅明引述了蓋奧爾格‧齊美爾（Georg Simmel）的《相對主義哲學雜文集》（*Mélanges de philosophie relativiste*）：「在十九世紀的公車、鐵路、輕軌的發展之前，人們沒有能夠或是必須互相觀看好幾分鐘或好幾小時而不互相交談的機會。」

　　在大眾運輸工具裡面，但在馬路上或是在咖啡店裡也是一樣，一切都只是視線的交換，只是長短不一。人們互相看到「轉開目光」為止。人們互相看或不看，不只是出於懷疑、恐懼或是厭惡，或許也還因為，在第一眼看來，一切都與我們相對。

　　班雅明注意到，人們彼此觀察、彼此辨認：債務人與債權人、賣家與買家、雇主與雇員。特別是，他們曉得他們「都是競爭者」。

　　他還談到專欄作家阿爾弗雷德‧戴爾沃（Alfred Delvau）「宣稱自己能夠分析不同階層的巴黎公眾，就像地質學家分析岩石中的岩層一樣」。

　　布爾喬亞、藝術家、工人、流浪者、世界的女人、妓女、少年與老人：巴黎的街道屬於所有男男女女。其上並排走著的還有罪犯和警察。他們在光線不佳的巷弄迷宮間走失。如果奧斯曼男爵[2]在 1859 年的時候，將整座城市翻了過來，摧毀了人們聚居的街區，好讓大道與大街從中穿過，那郊區的迷宮卻依然存在，並構成了真正的犯罪裝潢。

　　班雅明觀察到，群眾（la foule）——他對「大眾」（la masse）的稱法——會保護他們的追隨者當中的犯罪。正是從這種裝潢和這樣的群眾當中，生出了警探小說。

　　警察並不只出現在文學當中：他們滲入這座城市的每一道牆之間，首先從拿破崙時期開始；他們強行為房子編號，在那之前，房子上只有人名。這是為了要控制整座城市，分區控管這騷動、不安而無從預期的雲霧。

　　隨著電影的到來，攝影機毫不拖延地變成了監視攝影機。

　　1911 年時，法蘭茨‧卡夫卡住在巴黎。他搭地鐵，從蒙馬特站到大道站。喧囂讓他驚駭不已，但速度的感覺讓他平靜了下來。他開玩笑地乞求「的博，的棒，杜本內」[3]。在廊間漫步，他更好地觀察到「乘客矯揉造作的冷漠」。他還注意到沒有什麼人說話，不論是在櫃檯，或是在上下車的時候：「語言發現自己被消滅了。」

　　整座城市都被「畫成方格」（rayée）：「從鐵皮煙囪開始，發展出高處的細煙囪，所有的小煙囪形狀都像是一盆花，燒煤氣的老路燈過於沉默，橫紋穿過忌妒，在郊區房屋的牆上，添上了汙垢形成的條紋，以及屋頂上的細線……」

　　巴黎令他感到疲憊，難以忍受。要治癒這種疲倦，唯一的解藥：離開巴黎。但幸運的是，他還有賽爾茲的石榴水，喝了在笑的時候會嗆鼻。至於巴黎的糕點：「海綿般的爛烘焙。」

　　巴黎，1913 年 5 月 9 日——來自柏林，班雅明第一次抵達這裡，待了兩個星期，和兩名同志一起。那年他二十一歲。他們三人都住在博恩旅館，在聖拉札爾火車站旁邊。

　　早上，他們參觀了凡爾賽宮、楓丹白露、羅浮宮——班雅明在那兒為格瑞可畫的斐迪南一世肖像感到「萬分悲慟」，覺得那是幅「憂鬱可悲的」肖像；下午，他們閒逛在路上與大街上，在教堂與咖啡館裡；夜裡，他們去了劇院；晚上，他們流連在咖啡館。

　　這座城市對班雅明而言是一場魅惑：商家、明亮的招牌、群眾。至於河岸，照詩人里昂－保羅·法格（Léon-Paul Fargue）的說法，是「一個獨特的國度，沿著岸邊，冒出彎曲的緞帶，就在想像的島嶼旁，像是出自某個迷人的存在的想像」。

　　和柏林毫不相同：在巴黎，一切都只是生命的漩渦，在這個漩渦裡，「房屋彷彿不是要讓人住的，而更像是石頭搭成的後台，人們只是從中走過」。

　　班雅明欣賞舞者的嚴格。他喜愛女廁的優雅，也不掩飾他對妓女的品味。他第一次的性體驗則是和一名他在人行道上認識的女孩。

　　是為了逃離他母親的支配──以及逃離他的社會階級──他才轉向神女（les filles de joie），在大馬路上勾搭她們也毫不遲疑：「每當我在建築物給馬車進出的側門口停下，有時在黎明時分，我會深陷於馬路上無從梳理的瀝青線條中，而拯救我的並不是最純潔的手。」

　　在大馬路上勾搭妓女的時候，他體驗到一種強烈的吸引，「幾乎無可比擬」。他說：「人們可以帶上床的，有書和婊子。」

　　一年後，戰爭即將爆發。當時住在巴黎的魯德亞德・吉卜林（Rudyard Kipling）[4]，看著那些穿著舊鞋的長舌婦、蓬頭垢面的長舌公為法國阿兵哥（poilus）盛湯，他夢想著看到橋上矗立起巨大的「堅持之母或無憂女士」雕像。在兩場戰爭後還會來第三場。這場會名叫和平並摧毀巴黎，完成連軍隊也沒能執行的事情，並且完全不受處罰。

2. 指 Baron Georges-Eugène Haussmann（1809-1891），都市規劃師，獲拿破崙三世重用，當今巴黎的輻射狀規劃就是其手筆。

3. 原文是「du bo, du bon, Dubonnet」，是一句用諧音開的玩笑話，可連結成 dubo-dubon-Dubonnet。Dubonnet 是一種加了奎寧的葡萄酒。這句話後來在 1932 年被平面廣告人卡珊德（A. M. Cassandre）設計成平面廣告，如今收藏在紐約現代藝術美術館。

4. 生於印度的英國文學家，1907 年諾貝爾文學獎得主，代表作有《吉姆》、《白人的負擔》。

夜裡

　　1926 年時，瑞士德語作家路德維希‧霍爾（Ludwig Hohl）年方二十二歲。他整年都待在巴黎，他覺得這裡的道路有條有理──「為了認識巴黎，我給自己設了最低限度要遵守的限制，也就是要逛過二十個區[5]的每一區。」

　　他陶醉於咖啡館，步行到天色漸白。醒來後，他做筆記，內容成了一本名為《子夜社會》的日誌。後來，他終究成為作家，以及詩人──「當然，世界滿是汙垢，而詩人應該看見這點，但要留心那些**失去了對人類最深的信仰的詩人！**」

　　霍爾住在布雷雅路（rue Bréa），在第六區靠第十四區交界處。他經常去街區裡的咖啡店：穹頂咖啡店、上選咖啡店、圓頂咖啡店。在那兒他會遇見藝術家，特別是畢卡索、賈柯梅蒂（Alberto Giacometti）[6]、蘇丁（Chaïm Soutine）[7]，還有超現實主義者。再來是作家：布萊茲・松德哈（Blaise Cendrars）[8]、法蘭茨・赫塞爾（Franz Hessel）[9]、喬瑟夫・羅特（Joseph Roth）[10]、克勞斯・曼、華特・班雅明。他從來不提他們。他只和他的同胞混：某個布洛姆（Blohm）和某個穆勒（Müller）。他特別喜歡的街區，是巴黎大堂區（les Halles），在夜色與白晝

混雜的時刻——「或許是人們在整個巴黎所能捕捉到的最有力量的一幅畫」。

　　儘管市場擾攘，但令他最印象深刻的，是支配此地的「深沉的靜默」。「巴黎大堂區，在活動最劇烈的時候，是平靜的，並不喧鬧。沒有爆裂、沒有喊叫，天鵝絨的無盡靜默吞噬了一切的粗糙；只剩下巨大形式的緩慢運動，上千個螞蟻湧動的平面，但卻單純而安詳。就連安靜地笑，在這裡都屬於他，那些力大無比的、為自我而勞動的男男女女，在進到此處時交換迅捷的笑話。」

　　夜裡，布洛姆、穆勒和他常常會到一個長得像栗子小販的流動攤販那兒，吃炸薯條和烤香腸。這裡還提供豬血腸和豬膘、鮮肉、馬鈴薯、巨型麵包。「變化無窮的生活已經在我們穿行的窄巷中蠢動，成千上萬的純情少女與毫無詩意的勞動者在人行道上相擁……」

　　屠夫用熱水燙小牛頭。突然間，他看見一名老婦：「臉上依然晃動著大量苛毒的熱情。」

　　窮人和商販與客人並排而行：「在這裡有最多失落的乞丐，但這個街區卻是全巴黎最完好的一個⋯⋯」

　　關於巴黎大堂區的平面廣場，他還說它「自身就是一整個世界，黃褐而帶有英雄氣概」。

　　在巴黎各處，他都看到「破碎的靈魂」，不幸的人──「在盧森堡公園，我看見一名身穿黑袍的瘦弱女子在遊蕩，臉色蒼白如雪，顯露的半是愚蠢，半是無法形容的困惑。」

　　在上選咖啡店，女孩們灌醉自己，惹出各種閒話。人們爭論政治問題，人們喝乾桌上的酒杯，人們尋釁鬥毆。這是常態。霍爾自己並不輕視論戰，特別是在談到藝術的時候。根據一位他的對話者的說法，他「臉宛如煎蛋」，像是個「想對聖母院發表意見的偽善者」。

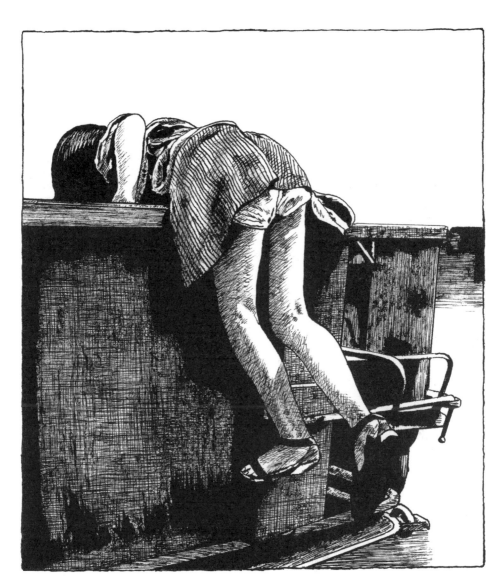

　　從丁香門站（porte des Lilas）出發，他穿過第二十區。沿著舊城牆，他發現
了整個城市極為獨特的一面：它不是由磚砌的建築，而是由載貨馬車所構成，這
些馬車絲毫不遜於住處，甚至是人類的住處。

　　許多兒童。他們穿著被洗得褪色的破爛衣服。他們高聲喊叫，在垃圾堆裡東
翻西找。人們分不清這些兒童和同他們玩耍的狗兒。

　　在美麗城路（Rue de Belleville），霍爾和穆勒想吃點東西了。他們開始找尋盡可能便宜的餐館。他們找到了一家，特別破爛。這家店叫做「來炸吧」（À la friture）：「房間很小，家徒四壁，裡頭有兩張長桌；三個矮小、甚至是最矮小的男人，坐在第一張長桌邊，我們坐在第二張長桌的長椅上。屋裡還站著兩個女人，四十多歲，面容乾癟，其中一位尤其是，臉都變樣了……」然而，「在她們筋疲力竭的臉上，依然呈現出某種不受汙染的美好」。

　　經過塞儒里耶大道（boulevard Sérurier），他們探索第十九區，發現成群的綿羊正走向他們的屠宰場：「成千上百美麗而尊貴的羔羊，動人的景象。」[11]

　　已經是早上十點了。到了維耶特門（Porte de la Villette），他們走進一家咖啡館：「一個荒漠般的角落，可憎，不貧困，華而不實，屠夫，粗壯，粗野，就在屠宰場街區邊角上，整個巴黎最惹人厭的角落，在聖米歇爾大道外。」

接著，在維耶特運河（canal de la Villette）的橋上，「陽光在我們上頭笑著，我在巴黎彷彿未曾見過，然後，最宏偉的影像在我們眼前鋪開：水、駁船、倉庫、碼頭、房屋、人群……」

在另一個夜裡，在肖蒙山丘（Buttes-Chaumont），吹起了一陣「可恨的風」。

在蒙馬特，他們進了一條狹窄的暗巷。霍爾試圖嚇唬穆勒，跟他宣稱說這裡每週大約有五宗謀殺。至於下一條街，則被稱為「死神之路」。這並非偶然。更遠一些，煤炭街（rue de la Charbonnière），則有成千的妓女——「當然不是真的有一千個，但肯定有一大堆。」

有時候，走累了，喝夠了的時候，霍爾會覺得巴黎「無聊」——「但無聊的巴黎還是巴黎」。

他最大的煩惱，是他的父母即將來訪，並要求他幫忙找一間屋子。「這不正是迫使我逃離瑞士的主要原因之一，不要再和我家人有任何關係嗎？」怎麼辦？他思量過後，決定立刻離開巴黎。他去了玫瑰豐特奈（Fontenay-aux-Roses）、索城（Sceaux），羅班松站（Robinson），當他的父母抵達他們的國家時，他戲稱他的父母為「牧師團」。

霍爾厭惡遊客，尤其厭惡瑞士人：「瑞士王八！」他重複說道。男士們穿著如此體面，舉止彷彿像是這地方的主人，也像「畜生」。因為得益於法郎的嚴重貶值，他們可以不太計較地花錢。「可憐的法國，」他嘆道，「就像是個正被成千上萬隻蛆吞噬的活人身體。」

他把自己比擬作一個移民。在他眼裡，從一個知識分子的觀點來看，對一個瑞士人來說，沒有什麼比待在瑞士還糟的。阿爾伯托・賈柯梅蒂、瓦爾蘭（Varlin）、布萊茲・松德哈、馬歇爾・蓬切特（Marcel Poncet）、夏爾勒・斐迪南・拉慕茲（Charles Ferdinand Ramuz）、保羅・布德利（Paul Budry）：多得很，這些瑞士人，全都到巴黎來碰運氣。除了賈柯梅蒂和松德哈，其他人都失敗了。路德維希・霍爾也將在日內瓦的一座地窖深處結束他的日子。

只有一次，他提到了阿爾伯托的名字，在「上選酒吧」（Select），面露疲態，在吧檯喝酒。那是賈柯梅蒂嗎？

　　霍爾前往警察局領取身分證。他收集了住房證明、工作許可、他的瑞士護照、五張照片與六十五法郎。候客室非常寬敞。申請的人多得很:「女僕、馬夫、髒兮兮的失業者、臉色蒼白的大學生、肥胖的婦女,有幾個還算穿著得體,緊縮著身子,困在人群裡,有的人臉上表現出極度的無聊,其他人表情中的心不在焉則絲毫不掩。」

　　在一家咖啡館裡，他看見兩個農夫，一男一女，初到巴黎，或許是來自俄羅斯某個荒涼的地區。男的對女的說：「這可說是天堂了！」而她則回道：「沒錯，這裡就像是天堂。」

　　霍爾和布洛姆以及穆勒一起喝酒的時候，首先會喝一瓶隆河岸區（côtes-du-rhône）產的葡萄酒：「後勁強且味道出眾。」然後會喝第二瓶、第三瓶、第四瓶，以及第五瓶。他們不單是喝隆河岸區的酒：聖馬丁港產的酒既紅且清澈又酸；他變得比聖丹尼斯港還要陰鬱。

　　在橋連城（Joinville-le-Pont），他們在露天咖啡座坐下，出神地凝視著「週日下午鬱悶而平庸的生活」。

　　在第四區的低地區，霍爾獨自離開。在塞納河岸邊，他遇見一整隊黏在一起的窮人大軍，穿著破爛，吃著、喝著、昏睡著。有男有女。當中站著一名理髮師，帶著他的肥皂和剃刀——「他拿河岸當桌子，將石砌的台階當作沙發，塞納河則是水盆，至於擦臉，他有塵土，還可用來消毒他拿來服務所有人的抹布。」

　　在慕芙塔路四周，老拉丁區的中心特別難看。建築幾近要坍塌。小商家賣著變質的食物和品質惡劣的服飾。「這一區的人既困苦又悲傷，除了黑暗什麼也不願生產。」

　　更遠處，在靠近萬神殿與聖米歇爾大道的地方，則是另一群人，大多是學生。

　　更遠處，朝南方，是健康路（rue de la Santé）和冰川路（rue de la Glacière），以及與之相連的小巷。新建的，並且是最窮困的巷弄：「這裡的小屋如此低矮，簡直讓人以為門都比牆還高，有的小屋看來就像是菜箱或是兔籠，每間都住了人，從這間或那間屋子冒出的煙以及到處玩耍的窮小孩就可看出來。」

　　在某個平淡無奇的一天，霍爾被這裡的氣氛給深深觸動了：「巴黎的空氣變得極度不健康，偏頭痛在頭殼裡肆虐，總的情勢如此煩人而麻木，連最小的商販都關門了。接著到來的是某個人們認為風和日麗的日子，那天更加可怕，因為春天滯悶的空氣比帶來雨水的風更不健康。」

5. 巴黎市共分成二十個區。

6. 瑞士雕塑家、畫家。

7. 猶太裔法國畫家，表現主義流派重要貢獻者。

8. 法國作家，對歐洲現代主義運動有重要影響。

9. 德國作家、翻譯家。與班雅明合譯了普魯斯特的《追憶似水年華》。

10. 猶太裔奧地利作家、政治記者。

11. 這段所說的「羊」亦可指「溫馴的人」，「屠宰場」亦可指「住宅」。

介紹

　　1926 年，班雅明年屆三十四。在火車上，清晨五點從柏林出發前往巴黎的班車，他和一名西班牙人、一名埃及人和一名柏林人一起玩撲克牌。

　　到站時，迎接他的是他的朋友法蘭茨·赫塞爾，他正準備和此人一起翻譯馬塞爾·普魯斯特的《在少女花影下》（*À b'mbre des jeunes filles en fleurs*）。工作從一大早便開始，但在夜裡，他會走遍大街，流連在咖啡館裡讀報紙。最初，巴黎對他而言「像是個手套」。他發現了地鐵、公車、計程車、劇院，以及獨立藝術家協會沙龍（le Salon des indépendants）。

　　他沿著河畔閒逛，驚訝於書攤販賣的庸俗之作的數量。相反地，他造訪拍賣場，為許多拍賣的書幫忙喊價：「我所學的和我所買的書一樣多。」他走遍各種市集：火腿市集、廢鐵市集、香料麵包市集。

　　在圓頂咖啡（café du Dôme），他注意到有俄羅斯人在場，他們形成了巴黎的新波西米亞人。

在他們之間，住在第十五區深處、丹齊格路口（passage de Dantzig）的蜂房（la Ruche）[12]的畫家與雕塑家有：蘇丁、克里蒙磊（Kremegne）、艾普斯坦（Epstein）、基克音納（Kikoïne）、納勒瓦（Nalewa）；而在十四區和其他地方的有：沙納‧歐洛夫（Chana Orloff）、歐爾加‧撒夏若夫（Olga Sacharoff）、歐斯卡‧米茲沙尼諾夫（Oscar Miestchaninoff）。他和他們住在同一個街區，在正午旅社（Hôtel du Midi），夢蘇黎公園路，但並不和他們交往。如果說他喜歡蒙帕納斯的咖啡館，他也不看輕蒙馬特的酒吧和狹窄的舞廳。他去那兒晚餐、喝酒、跳舞直到凌晨四點。

赫塞爾和坦克馬‧馮‧明敘豪森（Thankmar von Münchhausen）把他介紹給幾個熱愛德國文化的人認識，其中包括了基‧德‧普塔雷斯（Guy de Pourtalès）——他剛出版了一本《法蘭茲‧李斯特生平》（*Vie de Franz Liszt*），很快就要再出版《尼采在義大利》（*Nietzsche en Italie*）與《華格納：一個藝術家的故事》（*Wagner, histoire d'un artiste*）。他的東道主的沙龍裡「滿是被遺棄的女士與先生，像是只有在普魯斯特的小說裡才會遇到的，滿臉不幸的人」。

為了要能夠加入巴黎的生活，他去上了私人的法語對話課，對象是一名高等師範學院培養出來的年輕男子。

當他走過協和廣場（la place de la Concorde），檢視上頭幾個世紀前雕刻的方尖碑時，他發現沒有人或幾乎沒有人能解讀上頭的文字。方尖碑就在主廣場上，「它調節某種被噪音包圍的精神循環，而它上頭的銘文對誰都沒有用處」。

他造訪了羅浮宮和其他美術館：「漫步在繪畫陳列室裡的人的表情，表現出一種掩飾著的極度失望，面對只有畫掛著的事實。」

在標著巴黎暱稱的「光之城市」的廣告招牌面前，他依然抱著懷疑：「是什麼最終讓廣告占有這個高於評論的位置？不是紅色霓虹燈的字母說了什麼，而是在馬路上反映它們的著火的水坑。」

長期以來，班雅明一直苦於無法在大城市中找路，無法分清南北。後來他翻轉了這種能力上的缺乏，學會在路上像在樹林裡一樣走錯路。是巴黎向他揭示了這種「迷路的藝術」。

他將他的散步比擬為他畫在學校筆記本的吸墨紙上的迷宮痕跡，把自己當成忒修斯（Thésée），迷失在米諾陶洛斯（Minotaur）[13]的迷宮中——而且這個米諾陶洛斯有三個腦袋：「加些哈潑路（rue de la Harpe）小妓院的居民。」

最後，如果巴黎的街道像是一團理不清的混亂，真正的迷宮卻是隱匿的。在地下。它通過地鐵的長廊在城市底下奔流，像「井」。

然而對他而言，這座城市還有另一張臉。它是「被塞納河當中穿過的圖書館中的大閱覽室。這座城市的每一刻都在啟發傑作」。巴黎令他興奮，至少他想這麼相信。他倒是承認自己「過去幾週都在嚴重的憂鬱中度過」。他和巴黎人的關係不好也不壞：「這很少見，這異常地少見，能和一個法國人建立起能超過前十五分鐘的談話的關係。」

他對儒拉·哈特（Jula Radt）說：「我在這裡學到了對我一生中未曾認識的孤獨的渴望。」

他住在巴黎只花費「在柏林的一半或三分之一」。出版商羅沃特（Rowohlt）每月付他一筆翻譯費。《文學世界》（*Literarische Welt*）和《法蘭克福日報》（*Frankfurter Zeitung*）定期向他邀稿。這些工作如果為他提供了體面的收入，卻也會把他拴在柏林——或許也會妨礙他面對巴黎的環境。和德國的臍帶還沒剪斷。

他出席了一場超現實主義者的私人晚會，在蒙馬特的一間小劇院裡。「可悲，」他總結道。我們可以假設他認識幾個超現實主義者，包括安德烈·布列東。但對此他不置一詞。他寄給後者的信至今仍未尋獲。

---

12. 巴黎蒙帕納斯區的一棟建築，曾是藝術家聚居之處。

13. 希臘神話中的牛頭人身怪物。

「你貴重的唇吸走了我的生命」

　　在 1926 這一年，安德烈・布列東（André Breton）年屆三十。這是個已婚男子，而他或許已經對西蒙娜感到厭倦，他已經與她結縭五年多了。他愛上另一個年輕女孩，莉絲・邁爾（Lise Meyer）。儘管她受寵若驚，但卻未聽任他的冒險。

　　巴黎，10 月 4 日——「在這些午後的某一天下午將盡，一個無所事事而鬱悶的午後」，布列東在拉法葉路上閒逛，在 120 號《人道報》書店——如今已不復存在——的櫥窗前暫時停步。他向下逛到劇院區，走過聖文生・德・保祿教堂對面的十字路口，撞見了一名「衣著不堪的」年輕女孩。

　　她有雙美麗的眼睛，「鳳尾草般的雙眸」，他說。毫不遲疑，他向她搭訕。她朝他微微一笑，神祕得足以發展溫軟的曖昧。他們走了幾步，直到露天咖啡座，在北站旁邊。她跟他說了自己過去和一個大學生的關係，在里爾（Lille），她出生的地方。在離開對方一年後，她在巴黎街頭意外遇見同一個男孩。她驚駭地發現對方的手是畸形的，外邊兩隻手指頭緊黏著無法分開。她以前從未注意到，被愛情遮瞎了眼。那個男孩生氣了，大喊：「塗鴉鬼（Gribouille）！……」

　　塗鴉鬼？是那個跳到水裡躲雨的塗鴉鬼嗎？是那個為了減輕痛苦而試圖讓自己更痛的塗鴉鬼嗎？[14]

　　格瑞布依（Gribouille）也是一個六〇年代女歌手的名字，得自於她的原名馬莉－芙蘭斯・蓋特（Marie-France Gaité）。打從年輕時代起，她就在里昂的維納提耶精神病院接受照顧。她唱道：

　　　　我希望能有童年　有最美的回憶

　　　　或是最至少　能沒有牆和會客室

　　格瑞布依北上巴黎時年方十九。有個路人注意到了她，受她雌雄難辨的身材
所吸引。他名叫尚·考克多（Jean Cocteau）[15]。他鼓勵她到小酒館（cabaret）演
出。她將在 45 轉的黑膠唱片上錄製一系列香頌。出於絕望，她在 1968 年 1 月 18
日自殺了。她當時年方二十七。她的香頌，乏人問津，卻不令人絕望：這些歌就
是絕望本身。

　　我將在明天死去　　在車站的柱子旁
　　一輛火車將槍決我　　在黑色軌道的平原上

　　在露天咖啡座上，布列東和一名年輕女子共飲——喝的或許是柑桔黑加侖
（mandarin-cassis），和他同桌的都得喝一杯柑桔黑加侖。喝檸檬水的是「豬」，
尚・佛蘭（Jean Follain）在他的《記事》中說道。後來會變成柑桔橙皮酒。佛蘭
還說布列東「臉上帶著傲慢、虛榮與才智，並保留著沙龍的態度」。他還注意到
咖啡店的服務生收拾他的大衣，「彷彿他是個資產階級一樣」。

　　那名年輕女孩說了她的名字，或者是某個她挑選的名字：娜吉雅（Nadja），
「因為在俄語中，這是希望這個詞的開頭，也因為那也只是開頭而已。」她的真
名是：蕾歐娜（Léona）、卡蜜兒（Camille）和吉蘭（Ghislaine）。

　　娜吉雅二十四歲。金髮，纖弱。她的眼眶極黑，一雙混淆了悲痛與傲慢的眼
睛。她很窮，遊手好閒，但走路時卻揚著頭，因為她想要「活出一點永生」。他
向她自我介紹。他已經是個名人了，發表過好幾本書，包括《超現實主義宣言》。

　　過去一年來,他擔任《超現實主義革命》雜誌的總編。人們認為他是個不妥協的人物,與生俱來的一本正經,經常表現出宗派主義,但總「有種講究的禮節」。

　　對保羅・艾呂雅(Paul Eluard)[16]的問題:「您有朋友嗎?」他回答:「沒有,親愛的朋友。」

　　布列東以自己身為一名文人辯護:「您得清楚,文學是所有人所走上的最悲傷的道路之一。」

　　然而，身為一名文人，他還是想要有某種角色，某種想像力、「夢想的偉大力量」、「思想無私的遊戲」的發言人的角色。但他還想要某種社會性的角色。他自稱是個革命家，即將投身於「革命事業」，因為他覺得自己和共產主義很親近。

　　當他觀察路人的時候，他並不掩飾自己的輕蔑：俗眾，根據他的說法，尚未準備好要革命。二十年後，他寫道：「最簡單的超現實主義行動是，握緊手槍，到路上去，只要可以，就對路人隨意開槍。」

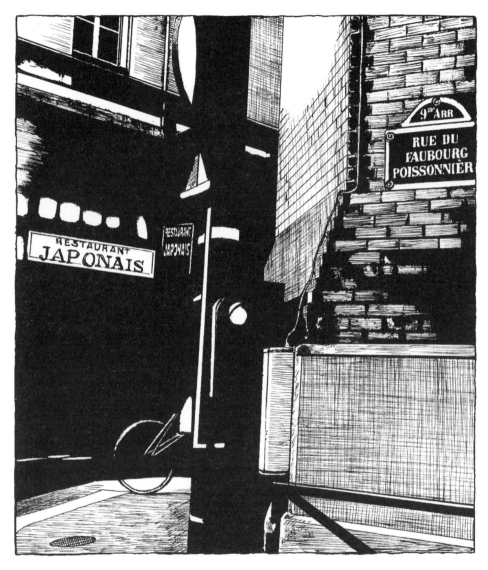

　　娜吉雅並不同意他的看法。在地鐵上,她發現「有許多正派的人」。他們彼此互相抱怨。對他而言,人們並不正派,除非他們起而反抗:「正派的人,您說的,沒錯,就像那些在戰場上被殺的人一樣正派,不是嗎?」

　　他被激怒了。但他們還是繼續散步,在佛布－普瓦松尼耶路上(rue du Faubourg-Poissonnière),直到他必須離開她、回家吃晚飯的時候。「已婚!噢!那麼……」她高喊,不再感到自己被激怒了。她用沉重的語調提醒他,他將不會看見他將前往的星斗,而他再也無法看見她所看見的:「無心的花的一顆心。」

　　他走了，卻還是問了她那個令他心癢難搔的問題：「您是誰？」她如下回答：
「我是漂泊的靈魂。」

　　深受誘惑，卻毫不困窘的他，向她提議翌日再見，在位於拉法葉路與佛布－
普瓦松尼耶路正對的酒吧。

　　10 月 5 日。──她赴約了，身上穿著優雅的黑色與紅色。她戴著一頂漂亮的
帽子，一雙合腳的靴子，以及絲襪。這一次，她仔細梳理了她「燕麥色的頭髮」。

　　10月6日——他倆又相見於新法蘭西（La Nouvelle France），在佛布－普瓦松尼耶路上。他正向前行，走在紹塞－昂坦路（rue de la Chaussée d'Antin）的人行道上。突然間，他迎面撞上她，但她似乎正要躲避他。她似乎拒人千里，卻沒有明顯的理由。他邀請她進路上的第一家咖啡館。她更加猜疑。「或許她以為我在騙她？」他自忖。他們倆十分尷尬。最終他提議載她回到她的住處，在薛華路（rue de Chéroy）上的一家旅館，靠近巴蒂紐大道（boulevard des Batignolles）。在路上，她放下戒心，為他送上雙唇。

　　兩人重新開始談話時，她提到了〈溶解的魚〉，布列東的文章，發表於兩年前，是《超現實主義宣言》的末尾。

　　撒旦對海倫這個人物說：「您看，在這些先生女士之上，聖路易島？正是在這裡，有一間詩人的小屋。」「真的嗎？」她回道。

　　接著馬可對撒旦說：「我在哪？諸世界，可能！就像快速行進的機車：一天是假，一天是真！」

　　最後，撒旦總結：「對於將永恆製成轉瞬的詩篇，我已不抱希望……」

　　娜吉雅想前往聖路易島，也就是場景所在之處，但因為迷路，他們卻走到了西堤島，在巴黎司法宮（palais de justice）後面，在小巧的太子廣場（place Dauphine）上，後者在布列東眼裡，則是「巴黎最糟的空曠之地」。多年之後，他將寫道，在這個廣場前他很難不感到像是脖子被掐住一樣，因為它「三角形的結構，卻又曲線微露」，以及「將它分隔成兩片綠林的縫隙」，像是「巴黎的性器」。

　　擺渡人（Passeur）與猶太人的住處，在新橋建造的時期被連在一起。塞納河的支流使之與西堤島相隔，這支流被填蓋來建造這片小廣場。人們稱之為太子廣場，用來紀念那位六歲的年輕太子，未來的路易十三世。

　　出於懷舊，布列東還說道：「夏日夜裡在此迷路的伴侶們，情慾更加熱烈，成為火山的玩物。」

　　他們在露天咖啡座坐下。一名醉鬼不斷地打擾他們。完全沒法讓他閉嘴。

突然，到了上甜點的時候，娜吉雅相信有條長長的地道在她的腳下穿過，繞過亨利四世左岸旅館（l'Hôtel Henri IV），直到司法宮。接著她指著建築物上一扇面向旅館的黑色窗戶：「看好了。一分鐘內它會亮起來。會變成紅色的。」果然，窗戶亮了，照透紅色的窗簾。

此時，娜吉雅驚嘆：「太恐怖了！你看到樹林裡發生了什麼嗎？藍色和風，藍色的風……」這就夠了。布列東拉著她去了碼頭。她渾身發抖。在羅浮宮的上頭，她突然看到河裡冒出了一隻手：「那隻手，塞納河裡的那隻手，它為什麼在水上燒著？」

他們繼續在夜裡走著，在杜勒麗花園裡坐下，直到落腳在聖歐諾黑街上的一家酒吧裡。這間酒吧被稱為海豚酒吧（Le Dauphin）──但他們並非來自太子廣場（la place Dauphine）！這天已經夠了。他們同意在後天後才見面。

翌日，10月7日，布列東頭痛欲裂。腦子裡想的全都是娜吉雅。他愛她嗎？是哪種愛呢？「如果我見不到她怎麼辦？如果我再也見不到她呢？」但突然間他希望她能在這兒，能出現在聖喬治街的轉角，離他不遠──他住在方丹街（rue Fontaine）。而突然間出現的正是她，纖細的輪廓消失在路人當中。他追上她，帶她到了一家咖啡館。她告訴他一段時間以來，她為了還債，答應到海牙去拿兩公斤的海洛因。等到她回來，在下火車時，被警察攔了下來，審訊後，因為她朋友的介入，獲得了釋放。

布列東被這個故事給感動了，給了她一點錢，讓她可以吃飯、付房租、活下去。感動他的是「這種輕盈與熱情的可愛融合」。他尊敬地親吻她美麗的牙齒，她說她感到這個吻是種神聖的行為，一個由她的牙齒代替聖餐餅的聖餐禮。

10月8日──他收到路易‧阿拉貢的來信，寄自義大利。信中附著一幅細緻的烏切洛（Uccello）的複製畫，題為《褻瀆聖餐》（La Profanation de l'hostie）。

　　10 月 9 日──他匯給她承諾過要給的錢。出於無心,他算了三倍給她。她哭
了。

　　10 月 10 日──他們在馬拉凱碼頭(quai Malaquais)的一家餐廳晚餐。服務
生表現得十分笨拙。在一頓飯期間,他前來,摔破了十一個盤子。娜吉雅並未表
現出驚訝的樣子。她慣於讓男人感到窘迫。

　　10 月 11 日──他們在路上閒逛,「彼此相鄰,卻保持距離」。布列東感到
無聊了。他急著要看她詳述餐館前方陳列的菜單,並「拿某幾道菜的名字開玩
笑」。

　　10 月 12 日——他倆決定離開巴黎，前往聖日耳曼昂來（Saint-Germain-en-Laye）。在聖拉札爾火車站（la gare Saint-Lazare）的大廳裡，又有一名酒鬼來糾纏他們。月台上的旅客轉過頭來看他們。「真罕見，你和我眼裡的火焰，」她說。在下火車前，一名旅客為她送上一吻。第二名有樣學樣，然後是第三名旅客。這天晚上，他們將睡在威爾士親王旅館，並第一次做愛。

　　布列東，出於束縛，只能在自己的書中留下一排刪節號的他，對皮耶‧納維爾（Pierre Naville）[17]坦承，那就像是「和聖女貞德做愛一樣」。

愛做了。布列東不再有愛。她纏著他：「你是我的主人。我只是顆在你的唇邊吸氣或是吐氣的原子⋯⋯」對她而言，他是個「神」。他是「太陽」。但他對她已經感到倦了。她一眼便看出來了：「又黑又冷，像是個被斯芬克斯壓垮的男人。」

10月13日──她告訴他說，自己在克利西廣場（place Clichy）的一家餐館，被人打了一拳，讓她血流了一臉。她帶著調皮的喜悅，擺脫了攻擊她的人。在逃跑前，她的衣服已經沾滿了自己的血。聽到「這場可怕的冒險」，布列東哭了起來，哭到他覺得自己無法再哭，為他不應再見娜吉雅、他不想再繼續的念頭而哭。這個事件讓他感到抱歉，在他要跟她分手的時候，他跟她說了，從自己的眼淚中擠出離開的勇氣。她順服了，跟他說了再見，並低聲加了一句說，這是「不可能的」。她在一封信中預感到了最糟的情況：「你住在我裡面，但卻不過於獨占我。你很清楚，你的爪子留下的痕跡，就像你的想法讓我陷入黑暗。」

愛情的冒險結束了。它持續了十天，從慾望到擁抱，從擁抱到放棄。如果說他們能夠交換「某些在古老思想與永恆生命的瓦礫煙塵之上的、一致而難以置信的觀點」，那古老思想與永恆生命就會重新開始。在他寫的關於她的書裡，他承認：「我和娜吉雅不和已經很久了。事實上，我們或許從未理解彼此，至少在看待存在的簡單事物上。」

她則體驗了另一種清醒：「我推開您的時候對您才有價值。」

她順服了：「你或許真的因我而痊癒了？」

然後是反抗：「我是瘋了，或是強壯，我不知道。但我是個好同志，特別是厭惡受苦。火、真實、喜悅、生命萬歲。打倒你所有的鬼臉──我很清楚。打倒讓人士氣低落的人。我看一切都跟你和你的跟隨者不同。我討厭你和你們那幫人。」

娜吉雅在布列東眼裡，不只體現了超現實主義女性：她還是，或首先是，一個文學角色。在前一年，他在《超現實主義革命》（La Révolution surréaliste）中，並未寫過：

「如果我們是透過文字的途徑，相信自己能夠讓原初的天真回來，那又有什麼關係！」

幾天前，她便猜到了，並且哀嘆：「安德烈！安德烈！你將為我寫一部小說。我跟你保證。別說不。注意了：一切都會衰弱，一切都會消逝。必有什麼從我們而留下……」

他寫了許多關於她的筆記，也給她看過一些。她感到受傷：「您怎麼能將我們的事寫成這麼惡意的簡化，在我們的氣息都還沒熄滅之前？是發燒還是惡劣的天氣，讓您如此焦慮而不公？我做錯了什麼，得看著我最好也最崇高的感情，在您的怒火中走上歧途？我怎能讀這樣的紀錄，從中看見自己扭曲的畫像，而不抗議或甚至是哭泣？」

布列東又見了娜吉雅，直到 1927 年 2 月，但不經常，儘管他們只隔著幾條街。有天晚上，她打電話給他，接電話的是他太太西蒙娜：「有時候，在這一點上孤獨是可怕的。我只有您能當朋友。」

3 月 21 日，她下榻的貝克瑞爾旅館（l'Hôtel Becquerel）房客意外遇見她在大廳裡驚恐地尖叫，深受幻覺所苦。她被緊急送往時鐘河畔（quai de l'Horloge）警察局的醫務室，在那裡的醫生診斷她是多樣性精神障礙，一種由悲傷和焦慮所產生的抑鬱症，會導致焦慮與恐懼。她被轉送到聖安妮醫院（l'hôpital Sainte-Anne），然後才被奧爾日河畔埃皮奈（Épinay-sur-Orge）的裴瑞－沃克呂茲精神病院（l'asile de Perray-Vaucluse）收容。在她的住院文件上，寫著：「做作與緘默的綜合症狀，焦慮地模仿與不連貫的模仿交替出現，削瘦，總體狀況很差。」

　　人們提醒布列東：娜吉雅是個「瘋子」。他不支持這項證明：「我將窮盡一生，誘使瘋子說出真心話。他們這種人有某種謹慎的誠實，他們的天真只有我能與之相比。」

　　如果他瘋了，他，就會善用任何最小的時機，好「冷酷地暗殺」一個瘋人院的醫師，因為他認為精神醫師都是可鄙的。

　　他從此再也不會拜訪她。

　　娜吉雅下葬時還不到二十五歲。她死在里爾（Lille）附近的拜約樂醫院
（l'hôpital de Bailleul），在 1941 年 1 月 15 日。官方說法是腫瘤，但事實上是
斑疹傷寒。

1926 年——第一次排除超現實主義運動的時候。在被解雇之前，安托南·亞陶（Antonin Artaud）[18]搶先排除自己。接著輪到被布列東指責的菲利普·索珀（Philippe Soupault），在路易·阿拉貢和馬克斯·莫里斯（Max Morise）的鼓勵下。或許必須在他架子十足又可笑的宗派主義中，看到該運動緊急歸附法國共產黨的後果。歸附很快就帶來失望：一個人不可能和史達林主義者打交道而不受懲罰。在「警察訊問」形式的磋商和推託之後，共產黨員將他分派到一瓦斯雇員的支部。他那「融入工人階級」的朦朧願望便留在那兒了。

　　人們將對「超現實主義的教宗」大肆撻伐。在他看來最強硬派的大概是墨西哥藝術家芙烈達·卡羅（Frida Kahlo），他被她叫做「老蟑螂」。在一封給尼可拉斯·穆瑞（Nickolas Muray）的信中，她將說：「這些人是怎樣的婊子，你可不知道。他們讓我想吐。他們有夠他媽的『知識分子』，腐敗到我無法忍受。這對我的性格來講實在是太超過了。我寧可在托盧卡（Toluca）的市場裡坐在地上賣玉米餅，也不要和這些巴黎來的鳥蛋『藝術家』有什麼關係。他們在咖啡館裡一坐好幾個小時，好溫暖他們的尊臀，沒完沒了地談著『文化』、『藝術』、『革命』什麼的，還有滑冰鞋和搖籃，他們把自己當成這世界的神，他們做的是最白痴的夢，用理論和永遠不會實現的理論來毒害空氣。〔……〕他們家裡從來都沒有東西可吃，因為他們沒有一個人工作，他們過得像寄生蟲一樣，趴在一堆崇拜他們『藝術家』的『天才』的有錢的渾蛋背上。狗屎，除此之外還是狗屎。他們就是狗屎。〔……〕媽的！來這一趟真是值了，不為別的，就是來看看歐洲為什麼正在腐爛，為何這些人——這些廢物——造成了所有的希特勒和所有的墨索里尼。」

　　她顯得置身事外，柔弱的娜吉雅，在這些巨大的紛擾中。短短幾天的可憐的愛，一個想把愛帶回純文學理想的高度的作家短暫的迷路。一場深刻的誤會。從他們初次相遇開始，事情就注定了。她需要一個愛人，一個保護者；他在找一個繆思。字面上的愛情（Amour littéral）對上文學上的愛情（amour littéraire）。

對他而言，這種關係是一種分心──儘管這是個強烈的字眼──因為它讓身體與靈魂都沉浸其中。他想要的是愛情革命，給愛情一張新的臉孔：「只有愛情，我指的是──那神祕、那不可能、那獨一無二、那驚訝，以及某種愛……」深受德國浪漫主義啟發的他，渴望一種徹底的愛，一種「瘋狂」的愛，照他一本書的標題──但卻是一種沒有瘋子的愛。她並不要求那麼多：「要了解愛，只需要一個吻就夠了。」

他們的關係不可能持續下去。不是因為通姦，這並不會挑戰到布列東的婚姻生活──他也沒跟妻子隱瞞自己對麗茲・麥耶（Lise Meyer）的愛。但是，在布列東與娜吉雅之間，分開他們的是別的東西：社會地位與教育的差異。

安德烈・布列東的父親是個憲兵──更準確地說，是受雇在憲兵隊裡記帳的──後來成了會計師，然後又成為一家水晶工廠的副主任。這個父親，成了小資產階級的無產階級之子，希望他的獨子能去念綜合理工學院（Polytechnique）或是礦業學院。但布列東將會進醫學院。他越過自己的社會條件，好盡他的文學義務──與統治階級調情。因為法國文學並不是種大眾藝術，而文人的革命願望，如果一時嚇到了建置秩序，卻總會以「讓資產階級驚愕」作結。

娜吉雅，至於她，則不屬於同一個世界。她沒有資源，沒有資格。她大可是個妓女，或是隨便哪個走私的女人──「您把我歸類成流氓了。」她在給布列東的信裡寫道。出身低微的她，甚至無法確保自己的生存。她在巴黎流蕩，住在旅館房裡，仰賴幾個多少對她有興趣的男人的施捨，包括布列東，他對她而言可以了，直到賣出她的一幅畫──一個德蘭（Derain）。娜吉雅是一個被貶低的人，她的脆弱讓她成為一個確實的「流浪的靈魂」。由於這些原因，他們的愛是無望的。徹底結束於娜吉雅進療養院。

公車穿過橫跨塞納河的橋；夏特雷廣場（place du Châtelet），就像隻公雞在牠前去覓食的母雞群中跳舞，又圓又胖的汽車摩肩接踵，「對人們一閃即逝的手

勢視而不見」。他追上並撞倒了幾名乘客，然後在巴黎底下奔馳：羅浮路、蒙馬特路、佛布－蒙馬特路（rue du Faubourg-Montmartre）、拉法葉路，然後到了娜吉雅那生龍活虎的街區，一切開始的地方，在第九區如牙齒般緊密相連的高聳建築之間。超現實主義就在這裡，在事物的平庸當中。夢想就屹立在微小的事件當中。我們從哪來的這種想法，覺得娜吉雅的話，用字這麼少、這麼普通的話語，能夠讓現實變樣呢？「我將一飛沖天，你親愛的嘴唇將吸吮我的生命。但我緊鎖的喉嚨裡有什麼呢？——留給我的只有啜泣，而我的牙嚼著吻。」

　　布列東早有所感，他也一樣：「在現實面前我們是誰？這個我現在知道就躺在娜吉雅的腳邊，像隻狡猾的狗的現實？」

　　娜吉雅的文字，一如布列東所述以及我們在她的信中所見，在一種不可能的、但卻尖刻的秩序中擠成一團。事後，災難過後，她的愛人依然想要誘惑她的生命和文學，娜吉雅完成了魔法，就像呼吸一樣。她超現實。她是典型的超現實的存有，從肉體到靈魂，這個想要「撬開奧祕的堅果」的人。

　　在他的《與安德烈‧帕里諾的訪談》（Entretiens avec André Parinaud）中，布列東在娜吉雅身上已經看不到別的了，除了是個「女英雄」（héroïne），一本書的女主角（héroïne）。他物化了她，他從她嘴裡抽出字來，好在紙上睡這些字。重讀《娜吉雅》——這本書既非小說，也非故事，而是，根據作者的說法，一部「散文」——我們可以感到一絲苦澀的悲傷。我們猜想著故事並未就此終結，娜吉雅迷失了，她徹底失去了他。她把自己的筆記本交託給他，他卻遲遲沒能還她。他在自己的書寫中說那是「一鍋蔬菜燉肉湯」。

　　同樣是在《訪談》中，他總結道：「她對我產生的所有誘惑依然都屬於智性層次，並未變成愛情。」

　　但這本書並未結束；是她寫給他的信，後來找到的，完成了故事：「雨還下著，我的房間黑著。心在深淵裡。我的理性死了。」

14. 這是指法國的卡通人物「塗鴉鬼」。
15. 法國詩人、小說家、劇作家、設計師、導演,代表作有《詩人之血》。
16. 法國詩人,超現實主義運動發起人之一。
17. 法國超現實主義者,社會學家。
18. 法國詩人、演員、戲劇理論家,殘酷劇場的創始者。

悲傷是種生命藝術

關掉電視。暫停電腦的活動。離開小螢幕、電視新聞，以及真實「信件」源源流入的虛擬信箱。

找回有骨有肉的人，感受與創造噪音的道路，燦爛而荒蕪的景致，無邊的天際。

影像，螢幕的俘虜，修過圖的數位照片，資訊過量，變形，這些都控制了時間，時間整體。但這時間撞上了另一個時間，一個暫停的時間：繪畫的時間，特別是在愛德華‧哈潑（Edward Hopper）的畫作裡的時間。

儘管他有他的「電影攝影式」的取景，有他所謂的「敘說」（narration），我們還是在他自己的不動面前、他那分文不動也永遠不動的影像面前，一眼就看到物體的不動。這是種無運動、也無電影的視野。此外，不動是暈眩的條件本身，這暈眩正是繪畫為我們招來的，而這當然是指哈潑的畫。他所勾勒的一種遲鈍，接著被他切割，切開自身以更好地切割一般的現實，在其壯麗的平庸當中。

哈潑不喜歡人。他既不喜歡素描人也不喜歡畫人。

在他年輕的時候，在廣告公司裡還有插畫家的年代，他的上司要求他複製一幅「焦躁的人」，但他那時就已偏好建築的表面，不通往任何地方的巷弄。

如果無論如何非得描繪活人、面孔，他會避免露出他們的眼睛。目光並不屬於他所見的事物。從側臉看到的眼睛呢？那是條線。正面呢？兩個點，一個點，就這樣。就像米老鼠。除了他的自畫像，在其中，他看著他在看，眼睛嚴厲，或是憂慮，或是冷漠。

他愛的，他說，是「簡單地畫太陽的光線，在一棟屋子牆上」——或是在一間臥房的地面上。

所以，建築，但也是人，普通人，坐在桌前或是床上。他把他們畫得像是裝潢上的剪貼——或是剪撕，下緣近乎觸地，並且被他粗心地忘了影子。

普通人，真的嗎？不：哈潑的主角都是美國人，美國白人，清一色白人——除了在一幅帶著《在一輛雜貨車旁快速地發動的一輛汽車裡的人物》的描述性標題的畫中，我們看到一對中國移民，以及除了在《南卡羅萊納清晨》裡面，有個豐滿的女人，或許是波多黎各人，雙手環抱，站在一棟房子的入口前面。是妓女還是不過是個家庭主婦？

不然，就是中產階級的普通人，穿著隨便，單身女子，衣服多少褪下，農民。他們都不微笑。此外，哈潑的畫都避免微笑。這是種刻意悲傷的畫。但對他而言，謹慎地喚起悲傷還不夠。他很早就開始禁止一絲一毫樂觀的誘惑，而他做到了，特別是在他著名的藍色之夜，在 1914 年，他在美國畫的一幅「巴黎式」油畫。

嘴裡叼著菸，小丑顯然很低落，和他同桌的有一名藝術家以及——或許——一名軍官；一名歡場女子站著；在其他桌，有一名老鴇，一對資產階級。小丑沒哭；他並不在場，或者，他寧可離席，但是他的衣著和他的白妝，他被紅色遮住的沒人看得見的眼睛，用紅色亂塗亂抹的嘴唇，將他留在了場景中央。

哈潑見過巴黎，巴黎的婊子、巴黎的橋、聖母院、羅浮宮、某些他經常忽視窗戶的外牆——這些窗戶將在他未來的畫作裡半開半掩，像是個被動的偷窺者。

回到美國的時候，一切在他看來都「粗俗不堪」，而他得花十年來忘記歐洲。

他在法國畫的畫布是歡欣的，和他後來所展現的一切相反，像是他避無可避地陷入了不斷變得更加徹底的嚴厲當中，或許是出自於他改革宗清教徒的——浸信會的教育。出現在他所有畫作中的巨大空洞，來自於最極端主義的宗教改革中的破壞偶像主義的啟發。然而，哈潑對他同時代的抽象非常敵視。他偏好自己的心理表達方式。在內心深處，他是個心理學畫家。

當他倚著窗戶時，視覺上，哈潑伸入了窗裡。或者他徘徊在對面的窗戶上，這將我們帶回小螢幕，天窗，這個令人激動的光線來源，對此他想表現的只有那一刻的靜止。連一齣劇都沒有。也沒有罪行。什麼都沒有。無聊、厭倦、失望。或許恭維了觀眾的無意識的是：這種任由自己身陷悲傷、在這種近乎喜悅的感受中完全信任地任憑自己的快感。悲傷？對他而言，那是種拯救。他正是為此而行動、衝刺、發憤，並且一步也不偏離。

他的目標，照他說，是要盡可能地轉錄「他對自然的親密的印象」。然而，他的畫作中沒有自然：有的只有道路、建築、農場、農舍、商家、加油站、橋、工地。令人好奇的是，他從什麼時候開始分不清自己的形象。如果他的作品是偏執的、貧困的、令人沮喪的：那他的意圖是什麼？描繪一種空虛而疲乏的人性？譴責美國世界的平庸？有一件事是確定的，哈潑畫中的人不會自殺：他們認了。

儘管歐洲繪畫從自身汲取養分，撫慰著資產階級習慣的樂觀主義，散落在馬蒂斯的好品味和畢卡索慣常的挑釁之間，但在大西洋的另一岸，一個罕為人知的插畫家勉力要表達那無法表達的：已死的生。他用手段與情感的節制，不帶明顯的笨拙，以平庸與冷漠的代價，成功地感動了他人——這是明擺著的，這是個奧祕。

至於他的「情色主義」，這不過是個字眼。自從他 1924 年與喬（Jo）結婚以來，他只畫過她，或近乎如此。

　　而他把她畫得像是我們在畫不在場的人一樣。裸著，凝結在她丈夫的空洞之中，她看著──而且她連可看的眼睛都沒有──他給她的空洞。

　　她並沒有被騙：「有時跟他講話，就像扔了塊鵝卵石到井裡一樣，差別只是聽不到落到井底的聲音。」

「像薯條烤爐般
吱喳作響的露天咖啡座」

　　1927 年 4 月——來自巴勒斯坦，在即將前往倫敦之前，舒勒姆在巴黎和他的朋友班雅明相聚了幾天。他想留在首都，這裡的氣氛總是令他愉悅，儘管他遺世獨立。他並未獲得任何像是德語特派記者的工作，也沒在出版社或是媒體任職。

　　就法國這邊，他還是讓自己的名聲傳到了這些人耳裡：作家查爾斯・杜・博思（Charles Du Bos）、批評家萊昂・皮耶－坤特（Léon Pierre-Quint）、《歐洲》雜誌的主編讓・卡蘇（Jean Cassou）、作家馬塞爾・布里翁（Marcel Brion）和《南方筆記》（*Cahiers du Sud*）主編尚・巴拉爾（Jean Ballard）——特別是這本雜誌還刊登了他的〈馬賽大麻膏〉。

　　他與後兩人建立起友情。他們是彼此天生的對話者；他對他們交心，聊起一段漫長的汽車旅途，從柏林到米蘭、聖吉米尼亞諾、沃爾泰拉、西恩納，還談到健康，談到黃疸與胃痛——神奇地被「aerophagyl」這種成藥給治好了。

　　和布里翁在一起，他感到十分信賴；他感覺到這個人「沒有一絲那種所有文人身上都有的虛榮」。這得歸功於他介紹《煉獄》（Enfers）給國家圖書館館長作為描寫巴黎情色生活的著作時，所說的話：「好一段時間以來，這本書已經不易取得了。」

　　然而，在他的書信裡，班雅明還是非常保留，很少傾向於隱情或是瀟灑。

　　1927年5到6月——班雅明住在蔚藍海岸，和前妻朵拉以及他們的孩子一起。在蒙地卡羅（Monte-Carlo），他賭博贏到足夠回科西嘉島的錢。在回到巴黎時，他寫信給舒勒姆：「此刻，我幾乎是徹底孤獨的，而由此時開始十五日，我的孤獨將會在此完成。」

　　班雅明是個成癮的賭徒。他走訪賭場。有時他會贏錢，但他的一生卻輸了，有時還是得意的輸。激勵他的，是浪漫而絕望的尼采，這個不受賞識的孤獨者的形象嗎？還是那個只有不超過兩百名讀者的卡夫卡呢？或許，兩個多少都是。班雅明接受自己作為沒名氣的作家，因為他相信自己的命運。這肯定是出於傲慢，但也是出於直覺。暫時缺乏讀者的命運，絲毫不讓他感到不舒服。他時運不濟，因為那是他自找的。他幾乎為此感到高興。他出版了那本《德國人》，編輯馬上就關門不理他了。

　　要被引介到巴黎的文學圈裡，依慣例他得用法文進行一系列的講座，在婦科醫生尚・達爾薩斯（Jean Dalsace）家裡。這人生了病，而這個安排就再沒下文了。

　　從自己的困境中，他得出一句格言：「只因各種絕望，希望才被賜予給我們。」

　　1927年8月──舒勒姆回到巴黎待幾個星期。他批評班雅明下榻的地方，「可憐的」正午旅社（Hôtel du Midi）：「一間可悲的房間，又小又破，除了一張鐵床和幾件小家具之外，什麼都沒有。」

　　班雅明記得，波特萊爾因為被債主追討，被迫不斷改變住處，飄蕩在城裡找尋一處藏身之所，一張「靠不住的床」。在1842到1858年間，他換過十四個地址。出於不同的動機，在1934到1939年間，班雅明在巴黎搬過十八次家。

　　在蒙帕納斯（Montparnasse），舒勒姆和班雅明常去圓頂咖啡和穹頂咖啡。「蒙帕納斯是世上少數幾個地方，能夠無所事事卻依然容易維生，有時甚至還有錢賺。」法格說過：「在大部分時候，只要穿上一件醒目的套頭衫，叼根稍微精緻一點的菸斗，穿上厚跟鞋跳舞就夠了。」

　　班雅明將他的朋友拉到大木偶劇院（Grand-Guignol），他對那兒的恐怖劇的熱情不下於警探小說。突然間，班雅明的心裡生出了某種罕見的事物，深陷於不安當中。他眼中的世界開始變得混亂，乃至於至今為止他所用的詞彙，都無法表達他眼中的現實。他的馬克思主義觀點被超現實主義的騷動給動搖了──依據舒勒姆的格言所述，那是種「不受拘束地信任無意識的炸裂」。他堅定地相信革命近在眼前，但他卻已不能形諸於馬克思主義，不甚於超現實主義。他得找到自己的語言。

　　1927 年 8 月 23 日，他拉著舒勒姆去參加一場支持義大利無政府主義者薩可與梵傑提（Sacco et Vanzetti）的示威，這兩人都被判了死刑。班雅明對他們是否有罪並未表態：在原則上，他徹底反對死刑。

　　在賽瓦斯托波爾大道（boulevard Sébastopol）的高處，步行或是騎馬的警察，對示威者發動攻擊。徹底的混亂。這對朋友勉強躲到側邊的一條路上。班雅明興奮不已。為了讓他冷靜下來，舒勒姆將他拉到咖啡廳去。他們喝了點酒，醺然直到深夜。

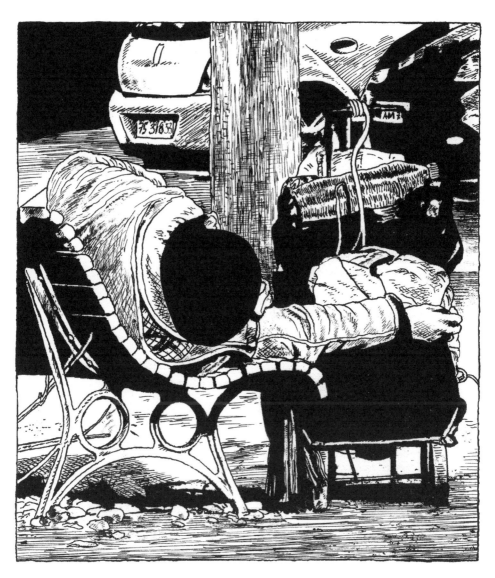

　　班雅明生命中的一切事物都像是死了一樣。他並未激起任何值得記載的事件。各種事物從上頭落到他身上,滑到他身邊。沒有任何意外之事。沒有什麼重大的驚喜。各種物質的束縛,各種沒有明天的愛情:知識分子的冒險就是沒有冒險。他在國家圖書館的閱讀室裡度過許多認真學習的日子,在十九世紀的殘跡裡胡亂翻找。在累積起來的資料中,他拼湊起一間思想的雜貨鋪,某種重燃歷史的歷史。他希望這世紀能澄明二十世紀的各種謎題。他是不是因為不想看見自己的時間,因此才躲到過去的時間裡的呢?

　　「我住在十九世紀，像一隻軟體動物住在牠的殼裡一樣，而這個世紀現在在
我面前，像一個空殼一般空洞。我將它戴在我的耳朵上。」

　　法國作家對他的請求少有回應。和他們的關係，對他而言像是種禁忌，彷彿
他不屬於同一個世界一樣。重要的是，他將給他們一個教訓，透過沉浸在他們著
名的「法國精神」當中。他將找到最隱密的形式——不久之後他將清查這些形式，
它們將成為材料，構成他主要的作品：一本關於巴黎拱廊街的書。

　　既然他並不和今日的巴黎人一起生活，他便將活在昨日的巴黎人當中，這些無從掌握的幽靈，在他的靈魂最深處填滿了懷舊。或許刺激他在文學上深入巴黎生活的，正是他或多或少錯過了巴黎生活的事實。而正是路易·阿拉貢（Louis Aragon）一年前出版的那本《巴黎風鄉巴佬》（*Le Paysan de Paris*）——他節譯過其中一些片段——成了《拱廊街》的起源。他和法蘭茨·赫塞爾沒完沒了地討論這個計畫：「正是在這時期，誕生出如今已被拋棄的副標，〈辯證法的仙境〉（une féerie dialectique）。」他毫不懷疑，他將把餘生的主要年歲投注在這本書上。

　　不單是被文學圈的小世界放逐，還被逐出一切真正的巴黎生活，班雅明，至少在他的書寫中，難以區分出特屬於巴黎的特質。但誰是真正的巴黎人？

　　如今，真正的巴黎人，那些屬於巴黎的大眾，已經不存在了。他們被排除到外圍，盡可能遠的外圍。今後住在城裡的人，是那些從外省「上到巴黎」來求生，在辦公室裡或是商家裡的人。他們看來像是偽造品，看他們典型的衣著，說著矯揉造作的語言，他們當中幾乎沒有人有當地口音或是懂得老居民的玩笑──而他們也不操他們的外省口音，因為他們都急著把它忘掉。

　　我們只有在戰前的香頌和電影中，才能想像出巴黎人的樣子。對班雅明而言，他對於城裡的秀麗景致不置一詞：他更喜歡追想浪漫主義時期的角色，以及十九世紀末的花花公子。

　　我們必須回到里昂－保羅‧法格身上，才能掌握後來消失了的巴黎人的獨特性。首先，這是個法國人。他沒有任何神祕之處：「既不是波吉亞家族的人[19]，也不是英國貴族，不是美國佬，也不是中國大人（mandarin），不是退休軍官，也不是天主教士（calotin）。」總的來說，就是個普通人，沒什麼特出之處，喜愛劇場、書籍、繪畫與女人。一個什麼都不當作悲劇的人。他最大的特色是樂觀，張揚著「安裝在幸福的嘴唇上的微笑」。他輕如鴻毛，但也會過度嚴肅，如果他辛勤工作，做個工程師或是大商人——最好是賣香水的。

　　所有的階級都混在一起，巴黎人喜歡雜處：「當十六區的巴黎人前往巴黎大堂區（les Halles），衝向前尋找小餐館，事實上他們是去看其他的巴黎人。」

　　巴黎女人則更為複雜，更為神祕而罕見：「不，在我們這個暴發戶、偽善者、投機者或宗派主義者的年代裡，沒有多少巴黎女人存在。過去的她們會害怕。」

　　僅存的巴黎女人首先、並且僅僅喜愛的，是最輕浮的那種享樂。她們自願追趕時髦、精於沉醉的遊戲與引人注目的私通。

　　她們體現了動搖王冠與大臣座椅的著名社交界。一切端看舉止、打扮、口音、得當的性情（l'esprit d'à-propos）與妙語（mot d'esprit）。她們是快速凋零的花：「外貌還像是女人。」項鍊或是大道上的流言的問題，比最輕微的政治意見還重要，比戰爭或是革命更重要。

　　還有一件事：對法格而言，世界上的女人和排水溝的女人比人們想像的更相似。她們有同一種風格、同一種放肆、同一種漠然。女人們進入了咖啡館，長期以來保留給男人的地方，在咖啡館是專屬男性的「保存區」的年代。如今女人來了，在這兒閒聊、在這兒喝酒、在這兒玩樂、在這兒跳舞。「粗魯而流著口水的管家婆到這兒來找老公」的年代結束了。女士們喝著琴酒和波本威士忌，以及充滿異國風情的雞尾酒。她們還抽著菸。

　很快地，最後的巴黎人也消失了，「好讓位給巴黎女人，兩者完全不是同一回事」。

上午的太陽不屑升起。它將細微的光芒抹在天上,而天空則夢想著泛黃的灰,讓建築物的表面抹上髒石膏的蒼白。天不下雨。也不落細雨。儘管寬大的河岸在塞納河滿潮時濕到堤邊,儘管樹木被冬季給褪下衣裝,巴黎依然不知疲倦。它不容忍人們恣意淪入憂鬱。它沒那個時間。沒那種禮貌。它也不快樂,永遠不縱情,永遠不瘋狂,不支持著魔的人對持續的貪婪凝望的熱忱,那些會讓圍牆自行解構的人,那些能喝乾天空的水的人。

　　貝朗熱吟道:

他是個小個子

全身穿灰衣服

在巴黎

臉圓得像蘋果

對,一毛錢也沒有

過得快活

還說:我就要,我就要

我信,我就要笑!

噢!誰高興,誰高興

穿灰衣的小個子!

　　對於那些有錢採買的人而言，巴黎賣的是恩典，但卻不道謝，也不微笑。對那些生活沉淪、住得差、吃得差、太過經常無所付出也無所得的人而言，巴黎則單單地、卑鄙地、殘酷地讓人絕望。還沒到必須死去的地步，他們在路上拖著他們的憂傷，迎面撞上的是正要上班，或是正要離職的人的神經質，在湧入大都會充滿各色的表面前，或是在公車上，或是在汽車裡，或甚至是在夜裡嘈雜嚇人的機車上。

　　接著絕望失足跌倒在宛如熄滅在床單般的布景中的影子般垂死在人行道上跪倒的人身上。那是不動而垂死的一整塊人。他想要有點吃的。有點吃的？——但所有人都有點什麼可以給他吃。還得有點可想的。

「行行好賞我一點：
您桌上的殘羹剩飯，
我的晚餐就夠豐盛了。」
「但我們桌上的殘羹剩飯
已經給我們的狗吃了。」[20]

　　一場大雨溢滿馬路,雨水在人行道跳動。每條大街、大道、每個廣場:歷史
的歷史銘刻在牆角;阿雷西亞路(rue d'Alésia)、波納帕特路(rue Bonaparte)、
殉道者路(rue des Martyrs)。名字,而非日期。日期令人不安:一七八九年路[21]、
血腥一星期路[22]、五月之路。至於小歷史的日期,就更不可能了。這些日期屬於
孤獨、隱晦、不可見的生命。數字永遠不會被遺忘。無名者上不了日曆。

　　根據捷爾曼‧諾沃（Germain Nouveau），如果馬賽是個在海邊起身的女人，巴黎就是配得上她的男人。而如果說首都已經失去了它的直率，失去了讓它在它的河床底下無精打采地拉伸，並在矮丘上勉強抬起頭來的美味驕奢，那沒說錯。它緊繃自己。人們將它弄出稜角，人們幾乎在各處都讓它直立起來，不論用什麼方法，缺乏計畫與沉思，像是「直接從建築的煉獄大廳裡端出來的隨便的大雜燴」──照班雅明的說法。

人們任由它的謀殺者、建商，還有他們的都市設計與建築師同謀、它的標售者、警察局長、市長，直到共和國總統——巴黎是國家事務，它的洗劫則是國家機密。

一個街區用它的外表來計算它的世紀，像是臉上的皺紋：沒有人有權力剝奪那讓它瞇起眼睛的年老的微笑。巴黎的謀殺者應當得到懲罰，不比一個殺害兒童或老人的犯人更多或更少。

說起這些各式各樣的建商，歷史學家暨《巴黎謀殺者》（*L'Assassinat de Paris*）的作者路易·舍瓦利耶（Louis Chevalier）高興地說：「若是爆發革命，他們將是第一批上斷頭台的；在蒙帕納斯大樓（la tour Montparnasse）前面的廣場上，混凝土吸不了血，或是在拉德芳思（la Défense）前面的空地上，這將是第一次有值得花時間前去一看的東西。」

舍瓦利耶知道巴黎大堂是由維克多·巴爾塔（Victor Baltard）所規劃。巴黎大堂：這急速跳動的心臟——或是這肚子，照左拉的說法。他見證了大堂在 1971 年到 1973 年間的破壞：「在巴黎大堂消失的時候，蒙帕納斯舊車站也在十字鍬下塌了。」

他見過巴黎大堂和它那失敗的花園裡開鑿的可悲的「洞」。人們殺了巴黎，是因為人們摧毀了這個核心，用「成噸的悲傷」碾碎了它，也就是蓋了「可怕的龐畢度中心」。

我們殺了巴黎，因為我們必須殺死它的人們，「亦即所有行業和所有階級的人，所有種類的人，屬於美好世界的、屬於較差的世界、屬於未曾存在的世界的人」；「臨時工和長期工、初來乍到者〔……〕，違禁逃到這裡的士兵，心懷期待的冒險家，被所有冒險打斷了腿的傢伙」。必須驅逐勞動階級，乃至於「危險的或是可能變得危險的階級」。在與違法犯罪鬥爭的藉口之下，人們將巴黎的巴黎人都清掉了。

巴黎大堂這個街區概括並掌管著整個城市：「整個巴黎都在那裡——當然，就差那種我們輕易就放過的徹底巴黎的傢伙。」它統治著「高度集中的生命，和巴黎乃至全世界任何其他地方都不同」。

舍瓦利耶論到巴黎的美：「並非因為美誕生於此，既然美本可生於別處，而是因為它無法生於別處，特別是不能在以美聞名的地方，在人們試圖製造美的地方。」美，「到處都是，特別是我們不以為會找到它的地方。它在街路上，經常是在最醜的路上，在失落的街區裡，在最貧窮的市郊裡。」

　　巴黎尚未淪入深淵，它的街道還沒近乎彼此相似，還沒在「市政設施」的獨裁底下、在荒謬的車道安排中合而為一，後者是城市細緻皮膚上的爪痕。

　　然後昂蒂尼亞克（Antignac）哼唱：

巴黎只是個小城

最小的加斯科城堡（château gascon）

你們的羅浮

無人在乎

19. un Borgia,歐洲文藝復興時期重要家族,發跡於西班牙的瓦倫西亞,曾有重要的政治與宗教影響力,亦是重要的藝術資助人。
20. 這段對話是改寫《新約聖經·馬太福音》,十五章 26-27 節;《馬可福音》,七章 27-28 節。
21. rue 1789,紀念法國大革命的年分。
22. rue de la Semaine-Sanglante,紀念巴黎公社於 1871 年 5 月 21 至 28 日被血腥鎮壓的事件。

一堂樂觀主義的課

巴黎的摧毀並非結果：那是個活動。巴黎並未被摧毀因為它不斷摧毀自己。而被摧毀的即時又被重建，而被重建的或早或晚也將被摧毀。當然，摧毀不及於紀念碑與被歸類為歷史遺產的建築。然而，城市被蠶食了，並且每況愈下。然而，並且令人憂心的是，每況愈下還變得更為脆弱，行將消逝。只要檢視新建築上過早的磨損，從牆壁到地基，就可令人相信。古老的建築越是定期整修，表現出永恆，新建築就越是散發出終結的氣息。灰暗的衰老暴露在新的表面上；它滴漏在現代化的陽台底下，弄髒了門、窗、走廊、電梯、屋頂與地窖。管線生鏽，窗戶褪色。有多少這樣的新建築之夢，例如人們所指的「大型集合住宅」（grands ensembles），已經被炸毀了？而我們還是繼續低劣地重建更多這樣的建築。

新建築在繁殖中死去。醜陋是其信仰告白（profession de foi）。那些新的建築師知道嗎？很可能。他們是讓他們成為受害者的體系的共謀，因為醜陋並不赦免任何人。

新巴黎大堂（Les Halles nouvelles）：破壞者們建造它後也會讓它歸於廢墟，不用多少年。有種神祕的力量希望詛咒這些虛無的建造者。建築師們，服從於建商，不再將城市想像成像是一個有生命的身體，需要照顧。他們拆掉它的一隻手腳，因為它看來無利可圖，然後再以一隻可笑的義肢取代。他們再也不知如何以合一的方式連結市郊整體。他們既沒有文化、也沒有想像。一種行情的美學，不成形又極不持久，成了他們的準則。

柯比意（Le Corbusier）[23]，自我懲罰式建築的先驅，曾經想像過要從零開始重建一部分的巴黎，立起無比高聳的直塔，塔底下穿過寬敞的露天高速公路，與替代了人行道與廣場的巨大無人區爭奪空間。他的計畫，這個徹底的烏托邦，讓他成了最後一個夢想著首都的大規模破壞的建築師。在那之後，他的追隨者和他的追隨者的追隨者們只能綁手綁腳地模仿他，在各處修補他們暗中挖開的大洞。學習的年月、實習與考試讓他們總是越來越臨場發揮，因為再也沒有人知道怎麼建設了。

　　到了 1979 年，在攆走了建築師利卡多·波菲爾（Ricardo Bofill）後，巴黎市長雅各·席哈克已經宣布：「巴黎大堂的建築師，是我！」而或許，就是他。

　　我曾經住過一棟新蓋的房子，這建築還得過「羅馬建築設計獎」。水管，包括地暖氣的管線，都穿過混凝土底下。蓋好後不久，好幾層樓的管路炸開，水澎湃地流過走廊的燈。管路公司做出總結，宣稱他們遺失了藍圖，以免承認他們的無能。要找到損壞的管路，必須打電話給建築工人，肯定是他們弄破了混凝土的防水塗層。但小災難從不會獨自前來：在某個耶誕夜，文物破壞者突入了建築群的地下停車場，好縱火焚燒汽車和機車。凌晨三點，巨大的黑色濃煙溢出通風口。停車場三層有兩層起火，所有電器設備都熔化在這大火爐中。火勢燒到了一部分的建築。奇蹟的是，瓦斯管倖免於難。一整夜，消防隊員手持火把，成功疏散住戶。其中有些人在旅館裡住了好幾個月。問題在於是否不再重建建築物被燒的部分而是打掉，因為，沒有任何事物，不論是建築物的表面或是內在，能激起一絲寬容。停車場再也沒被重建起來。

我離開巴黎經常是為了不斷地重回巴黎。我從出生起就呼吸著他的空氣，玻利瓦爾大街，更後來是布爾朋碼頭（quai Bourbon），再更後來甚至還有米歇－畢左大街（avenue Michel-Bizot）。那時，我應該有八歲了，學校書桌的香甜氣味，以及粉筆的氣味，還有墨水瓶的，都讓我欣喜若狂。我在院子裡栗樹的影子裡奔跑玩耍。在班上，我成了挑竹籤（mikado）的冠軍。我夢想著法國的大戰役，甚至還夢想著河道圖、地質圖，它們向我展示了盧台時期（lutétien）的粗石灰岩和白堊紀的白堊。

　　米歇－畢左大街，在那兒我第一次看見一樁火災。憤怒而不耐煩的火焰衝上天空，由下而上吞噬了住宅，只留下骨頭般的黑色牆壁。這些冒煙的斷瓦比其他景象更讓我夢想聯翩。自此之後，我總是喜歡廢墟，風化的牆壁、鐵鏽、常春藤、蕁麻：事物之虛空的令人興奮的簽名。

　　在還是個身穿白色短褲的小孩子時，一個人走過巴黎的街道，這已然是在丈量世界的無垠。每條人行道都導向另一條人行道，一條從另一條本身就是新路的另一條路轉角冒出的人行道。我們在塞納河邊的碼頭上跑著，我們衝下樓梯好衝進第一座橋底下。我們在夜晚的沁涼中重新回到大街上。「離開家，卻覺得無處不在家。」波特萊爾說道。

　　我需要這些骯髒的建築。我需要這片粉白的天空、這層少女毛髮上的薄霧、節省又頑強的大雨降下的水,以及風所激起的惱怒,以及地鐵入口吹過的風。巴黎消磨了成千上萬個如此喜悅、如此痛苦的腦袋。

　　該用多少夜晚將車停在拉法葉侯爵那兒？那是我們的咖啡館，我們去那兒喝酒，直到清晨，瘋狂地在蒙馬特山丘側邊開車，直到山頂，準備好消失在一條階梯旁邊。瘋狂開車並神奇地找到自己的道路，像是另一個已經存在許久的生命的道路。

　　我總是能找到我的路，不論在夜裡幾點。

　　我記得一晚，在格爾登堡家喝酒，拿野牛草伏特加來乾杯，直到在人行道上嘔吐，吐出一幅抽象畫的樣子。早晨拉開窗簾的人對我說：「老天爺，什麼蒸餾桶味！」

　　同一天夜裡，在一家外省餐館，在開了六小時的車後，我們喝了黃葡萄酒，配康跨右特乳酪（la cancoillotte）。

　　又一天晚上，和高個子黑皮一起。他贏了比賽，有一整捆五百法郎的大鈔。他想燒光這些錢，喝光吃光，在布瓦松尼耶路上的一間公寓裡，和一幫阿爾及利亞人，逃離阿爾及利亞的自主工人無政府主義者，他們走路貼著牆，和高個子黑皮一樣，他沒按時回部隊，法國的警察正在找他。他接待了一隻路上走失的狗，一隻悲哀的小狗，他用我的名字叫這隻狗：「帕雅客！帕雅客！」而這隻狗會尖聲吠叫，高興地跳著，舔我們的手，在我們待到不知時間的窮酒吧裡。

太陽，久別重逢了。

全世界都穿上短袖襯衫，運動短褲。高架地鐵道上穿行的車廂繞過這塊溫熱的肉，流著汗的焦慮的人，不悅不止於此，因為他們口乾，頭髮下則像個熱水袋。路邊的空氣中彷若有一陣噪音的迷霧。汽車的呼嘯、機車的阻礙、腳踏車的叮噹聲。下午將要結束。英雄們在吐著厚重汗水的人行道上游泳。在這裡，巴黎並不完全是巴黎。美麗街區的憂鬱優雅無事可做。

23. 瑞士－法國建築師、設計師，二十世紀最重要的建築師之一，被稱為「功能主義之父」。

夜間觀察

___

一個悲傷的女人
在一間悲傷的咖啡館
在北火車站旁邊
淚水洗著淚濕的雙眼
在咖啡館深處

她喝乾了她的啤酒
又點了一杯啤酒
然後突然起身
穿過咖啡館
好抽根菸
在冬天冰冷的空氣中

她又回到她在咖啡館裡的座位
又點了杯啤酒

這天夜裡她在巴黎
她搞錯了火車
搞錯了時刻，搞錯了月台
火車站裡不再有時鐘
火車又全都一個樣

她搞錯了火車
搞錯了男人
搞錯了人生

在巴黎的夜裡
音樂音量過大
人們為了不聽只好喊叫

這時一個男孩靠到她的桌前
他既年輕也還算好看
他喝醉了
或許正陶然於
某種精神性藥物
她，她吃了顆藥
某種鎮定劑
他向她說晚安，我可以
坐到這雙燃燒的眼睛對面？
她說好的您坐
然後就哭了
別哭，他說
擦乾她眼睛
用手指尖端
如此柔軟的手指
如此柔軟的話語
她貼近了他的唇
她的嘴唇貼近他的

巨大的暴風雨升起了
在咖啡館的夜裡
音樂顫抖著
時間消失了
兩個偶然的存有
相吻而相噬
他們的夜結束
在巴黎的一間房裡
在大清早
她在冷風中離開
留下的只有灰燼
和一絲她的氣味

德國天空上
沉重的帷幕

　　五十七歲時，我年紀和我父親的父親一樣老，我父親則死於三十五歲。我也
應體驗到對他的一種慈父之感，或是某種類似的東西。或者相反：時間越是過去，
我越感到像個孩子。

　　在他過世後那幾個月，並且至少有三年，直到十三歲時，我表達都得用一種
新的語言，一種我父親無法了解的語言。他將不會認識這個他的孩子在喧囂中擺
脫童年的年代。

　　在人與事面前的敏感、震驚與恐懼，不再埋藏於服從的語言底下：它們從反諷的話語中流瀉而出，好讓什麼都不會被嚴肅地判斷。然後，話語變成刻意的無謂——的笑話、嘲弄、文字遊戲。班雅明指出，在他的《單行道》（*Sens unique*）中：「當一個存有者極度靠近我們的死亡時，在後來的幾個月的改變中，有某種東西，我們以為掌握到了〔……〕，某種只能在其缺席中展開的東西。我們最終只能以一種它不再了解的語言來招呼它。」

　　於是我開始畫漫畫主角：祕密警探咕咕洛夫（Kouglopf）、警察許默與逼扭（Schmol et Bugnol）、碧許募依聶家族（Bouichmouinet）、流行音樂歌手團體李布爾丁格（The Ribouldingues）。和班上的同學一起，我們首先主辦了一份文字與塗鴉的小報，只有一個版型，在油印之前：《文學婊》（*La Poule littéraire*）──它將成為《豬血腸冒泡》（*Le Boudin qui mousse*）。我酷愛報紙的轉瞬即逝，報紙的不可信，熱中於敗壞新聞與排版的規則。我親愛的中學時期的英雄與我的報紙是我讓自己不再像我爸說話、也不再聽他說話的方式。

　　短暫的喘息：儘管我們並不知道，但我們與話語之間的連結只有收得更緊。對此時間並無作用。這種我們為了遺忘死者而想要肯定的語言變得毫無意義。剩下的只有我們最初的聲音與死者的聲音相混。對話恢復，恢復時，它被建立成不同的樣子，而像是為了永遠持續。此外，對於永恆的不穩定之感之所以被肯定，只因為無處不在的死人，以及其震耳欲聾的自我肯定。在他們的聲音中有種對我們所在之處的嚴厲，但我們也為他們提供了某種可能的憐憫：死者憐惜我們，勝於我們憐惜他們。

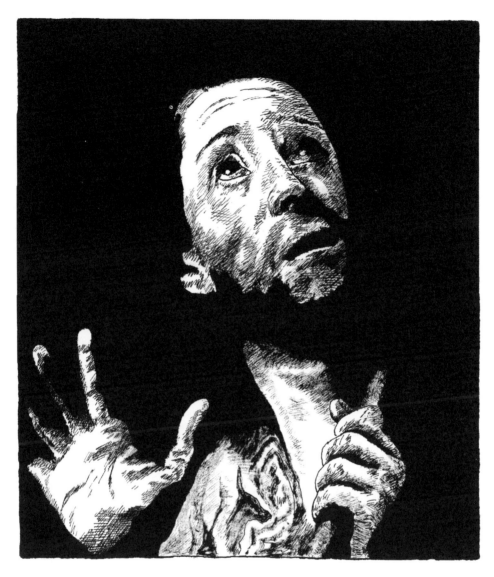

　　我的父親曾經是個父親，與他父親相反。我的祖父是個軟弱的男人，一個缺席的父親。他吃喝玩樂一直到死。他孤身死去。因為他的死，我的父親成了父親，一個被賦予了權威的父親。他以父親的權力（force）回應他父親的軟弱，但卻是種溫和的、撫慰的權力。

　　或許，如果他能活更久些，他會有所不同。或許他會表現出家長的舉止，做一個主宰的男子。或許必須把他殺了，他才能不死於自己的父親權威。他的英年早逝讓我無法如此謀殺他。那要是他變成了個軟弱的父親呢？有些表現得強硬而正當的父親並不像他們所宣稱的那樣。

　　他可以隱藏某種無可救藥的軟弱，不可救藥的程度就和他無法表達的程度一樣高。他們都在暴君父親的支配底下成長。這些不坦率的父親當中，有多少人沒法長大呢？有多少人只能是個男孩呢？

　　因為沒能殺死我的父親，我只能繼續當個孩子。在他死時我還只是我曾是的那個男孩。我九歲了，而我一直都只有九歲。那是最終的年紀。

關於童年，辛尼斯加利說過：

他喜歡冬天，這年

學年，教會，學校庭院

這是該死去的年紀

　　班雅明一直是個男孩。他沒能逃開他父親的專制。他的父親：這個「布爾喬亞」，這個猶太人敵視自己的猶太身分，並融入到柏林的好社會裡。班雅明從未停止過殺死他的渴望。當他真的死了，在 1926 年 7 月 18 日，班雅明回到柏林去參加葬禮，但卻沒表現出任何情緒。他樣子輕鬆很多。他不會變成一個父親——儘管他是一個小男孩的父親：從許多方面來看，他表現得像是他的孩子的孩子。

　　在女人或男人身邊，不論是朋友還是單純的關係，他幾乎總是像個孩子。例如格瑞塔‧卡爾普呂思，這個對他表現出母愛的人。或是麥克斯‧霍克海默以及提奧多‧維森格呂德‧阿多諾，在他們對他大加批評的時候：他會保持沉默，好迴避一切對質。然而，他也會表現出高傲的樣子。這不過是種避免丟臉的方法。這裡面有種弱勢男孩的姿態。

　　在班雅明家裡，父親並不是唯一的一個暴君。他母親也是，以她自己的方式。她無時無刻不貶低他，堅稱他笨拙。每當他打破東西，或是讓東西掉在地上時，他的母親便會「用誇獎他是笨拙先生的方式」斥責他。她會提起「小駝背」，一個因為一首通俗詩而聞名的角色：

　　我想走到我的廚房

　　我想煮我的一小碗湯

　　但小駝背在那兒

　　他打破了我的小碗

　　當他母親羞辱他的時候，班雅明就更加笨拙。在路上，她總是走在他前方半步，使他顯得「更緩慢、更笨拙、更愚蠢」。因為蒙受了母親的大量責備，並感到在大人面前被矮化，他將會連為自己沖一杯咖啡都做不到。他的母親不只責備他的笨拙，還責備他的「討人厭」和「懶洋洋的閒晃」。

　　班雅明未曾原諒她的責備。他從未從他的兒時復原。他知道。他還能訴說，在字裡行間。

我們抹去的歷史

柏林，2013 年 2 月 8 日——為了《宣言》，我踏上旅程。在華特・班雅明檔案館，這小小的書寫給我的感動，幾乎和侯貝・瓦爾澤（Robert Walser）的「微克」（microgrammes）一樣，這些微克比亞歷山大・索忍尼辛（Alexandre Soljenitsyne）的手稿還要小，但他的還沒有比在一粒米上的中國畫那麼小。這種讓符號縮小的技藝，不論是出於必要或是出於挑戰，都是對偉大的膨脹的一種感人的回應。

　　班雅明那種漂亮的書寫，勻稱又優雅，在迷幻劑仙人掌毒鹼（mescaline）的影響下，突然放棄了靈巧的書法裝飾。但與他的手稿相比，這個城市更讓我注意到他的回憶。柏林已被重建並且仍在重建：滿是行人的大街，街上出現了世界性貿易的標準化商品，建築林立彷如碼頭上的船，刮著天空的底部。我幾乎有四十年沒踏足德國了。和平的德國令人困惑：一聲過於生動的驚呼打破了甜蜜的殷勤。

　　尼采一直想要譴責這個民族、這個文化、這種料理。班雅明，便該被清除出去。

　　在一間大咖啡館裡，面對一杯麗思玲黑葡萄酒（riesling noir），我胡思亂想著，想到兩位思想家為日耳曼的命運而戰慄，競爭彼此的直覺，深入挖掘他們的民族，以取得能抽取出最後一句話的一些什麼。

　　早在 1882 年，期待著「一長串、大量的拆除、破壞、廢墟與動盪」的尼采，為「德國惡劣的反猶主義，這國家神經上的潰瘍」感到憤怒。談到他的同胞，他預言：

　　「可以肯定的是，他們在他們語言的語調上軍事化：他們也可能，就像他們軍隊式的談話一樣，他們現在書寫也是軍隊式的。」

而班雅明則說：「被圈在這個國家裡的人已經失去了區別人類輪廓的能力。」

在某個部分，我肯定是德國人。打從亞爾薩斯被占領以來，我父母就變成了德國人，因為帝國（le Reich）占領了法國東部，使之成為自己的一個省分。我的母親，來自柯爾瑪（Colmar），以及我的父親，來自史特拉斯堡，被迫要說德語，說的法文字要盡可能少，你好或謝謝都不行，不然便會遭到嚴重的懲處。我的母親瑪麗－歐迪爾（Marie-Odile）變成了卡迪亞（Katia），而我的父親雅克（Jacques）則變成了雅各（Jakob）。

然後，在我的祖父讓‧帕雅客的年代（他出生於波蘭南部，上西里西亞），他的家鄉則變成了德國與奧匈帝國。

我們並不全都是德國猶太人：我們是入侵羅馬的日耳曼部落的後裔。

1842 年，作家夏勒‧諾迪耶（Charles Nodier）與歷史語文學家奧古斯當‧提耶利（Augustin Thierry）之間爆發了一場爭吵。前者控訴後者曲解了法國歷史，將無法再書寫或是發音的名字歸因到法國歷史上。事實是，提耶利把對克洛維（Clovis）的稱呼寫成了克洛多維西（Chlodowig）。他則堅決主張這個拼寫是嚴謹的，它一方面出現在都爾的額我略（Grégoire de Tours）所留下的拉丁抄本中，另一方面則出現在日耳曼抄本裡。他自我辯護說：「先生，說克洛多維西的時候用氣音發第一個音節，就像同樣這幾個字母拼寫的希臘字，不多也不少，我向您保證，這個名字會被您發音成這樣，以至於您的克洛維如果能聽到的話，也會回應你。」

對提耶利而言，我們美好的法國史，想要讓法國人，在做過高盧人後，又做法蘭客人（Francs）。然而，我們的祖先是法蘭克人（Franks）而非法蘭客人（Francs）。法蘭克是日耳曼詞，是征服高盧的民族之名，根據不同的方言，發音可能有或沒有一個悅耳的 n，發成法拉克（frak）或法蘭克（frank）。

至於法蘭客（franc），在我們的古語中，表達的是一個自由、有利、重要之人的品質，對立於貧弱者（chétif），亦即窮困與處境低微。

　　法蘭克這個詞首先具有的是民族誌上的意義，然後有了某種社會意義，兩者對應於迥然不同的時代。「以國與法國人之名，」提耶利說，「我們撲滅了條頓語（tudesque），古日耳曼的語言——義大利文是 tedesco，在古高地德語是 diutisc，在現代德語是 deutsch 或是 teutsch，保留在古法語的是 thiois。」

　　事實上，讓諾迪耶翻白眼的是字母 k。這個字母對他而言是「乏味的一豎，配上歪斜而分岔的兩點，和 c 相反，c 美麗的半圓形是優雅的」。對他而言，提耶利的罪在於用前一個子音替代了後一個，並以古怪的方言來轉譯這些字彙。

　　占上風的是諾迪耶的論點。提耶利的論點將被遺忘，一點也不會被法國史所保留。他倒是引述了伏爾泰的《論民族的風俗與精神》（l'Essai sur les mœurs et l'esprit des nations）：「丕平的王國或是丕平，可以和從巴伐利亞到庇里牛斯山或阿爾卑斯山的人相互理解；卡爾，他的兒子，我們尊稱為查理曼的那位，完整地繼承了這一切……」

　　我們可以自問，諾迪耶的錯誤對誰有利。誰將受益於歷史的重寫？是保皇黨嗎？是各種保守主義者嗎？是革命派嗎？是「進步主義者」嗎？所有人都同意：提耶利是個醜惡的歷史學家；他的作品不應教授也不應閱讀，更不應出版。右派與左派一樣，在某種「法式欣快感」（euphorie française）的影響下，同意要維持法國的編年史以維持某種嚴格的君王世系，直到大革命為止，包括其梅洛文哲與卡洛林哲王朝，他們肯定是野蠻人，但卻是法國化了的野蠻人。

　　然而，在十一世紀法文變成書面語言之前，歷史上的重要人物的名字並未接受國家與義務的民族語的固定形式。只有拉丁文文獻有所保留。

在十三世紀，修士們對我們的歷史進行的法文編輯，寬容地使用了法蘭克年代的正式名字，毫無規則地按照他們的幻想來法語化這些名字。有時他們字母對字母地抄自拉丁文，有時抄自羅曼語（la langue romane），有時抄自兩者，以至於，隨著一個又一個世紀過去，一種「怪異的名詞分類學（onomatologie）」便在法國編年史裡傳播：克羅多維（Clodovées）、克羅杜維（Clodouvées）、克洛維（Cloovis）、克羅多瓦烏斯（Clodovaus）、克羅多瓦（Clodois）、克羅維耶茲（Cloviez）、克羅埃維斯（Cloévis）、提奧德瑞克（Theoderic）、提奧多瑞克（Theodoric）、提德瑞克（Thederic）、提耶利（Tierri）、提奧德利克（Theoderik）、舍荷貝爾（Cherebert）、哈瑞貝爾（Haribert）、卡瑞貝爾（Karibert）、布倫希爾德（Brunchilde）、布倫賀依特（Bruneheut）、布倫霍爾特（Brunehoult）、南提爾德（Nantilde）、南特賀依（Nantheut）、卡爾勒（Karle）、羅泰爾（Lothaire）、羅耶爾（Lohier）、查勒曼（Charlemaine）、卡若羅曼（Karolomaine）、查爾斯（Challes）、卡爾斯（Kalles）與卡洛曼（Kallomaine）。

日耳曼語、日耳曼－拉丁語、法語、半法語（semi-français）：法蘭克的名詞分類學依然是一團混亂，各式各樣不協調的名字形成於不同時期，並受到不同程度的破壞。耳朵、嘴巴與手三者都可能會犯錯；由此出現了大量的野蠻人名字的改動，經常是不由自主的：奧多灣（Audowin）成了聖灣（Saint Ouen）或是克羅道爾（Chlodoald）成了克勞德（Cloud）。

提耶利諷刺地說：「在都爾的聖額我略（Grégoire de Tours）那裡，一名法蘭克爵爺的名字叫做饒欣古斯（Rauchingus）。要如何用法語稱呼他：饒欣格（Rauchingue）？」

提耶利說到「法蘭克民族」（nation franke）的時候，千萬不可照字面理解，因為法蘭克人並不是一個民族，而是許多不同起源的部族的同盟，儘管他們都屬於條頓種族，或是日耳曼種族。其中有些歸入了這個同盟西部和北部的分支，其原本的族語產生出低地德語的方言與土話，其他的則出自中央的分支，其原始的族語被軟化了，並且有點混雜，則成了德國的文學語言。

法蘭克人，在迎頭碰上羅馬權勢時，將他們的帝國擴張到北海沿岸，從易北河口到萊茵河口，以及萊茵河右岸。

高盧土地肥沃，是大陸上最富庶的土地之一。法蘭克人最早的入侵可追溯到耶穌基督之前。但是從三世紀中葉之後，襲擊與劫掠才變得系統化。法蘭克人以不知疲倦的活動來代替他們的軍事弱點。沒有片刻歇息，他們從萊茵河的另一邊拋出了一群又一群熱血的年輕人，激勵他們的有奧丁故事中的壯舉，和在死者的宮殿中等待勇者的喜悅──瓦哈拉（Walhalla）著名的感官之樂。

　　這些年輕人裡面沒有多少人能再渡過河。羅馬軍團殘酷地鎮壓了他們的入侵，在萊茵河日耳曼一岸染滿了火與血。然而，在五世紀後葉，部分法蘭克人聯盟在多次嘗試後，完成了對高盧北部的征服。

　　法蘭克人將他們的金色或是紅色的長髮挽起貼在額頂，繫成某種後頭散落成馬尾般的頂冠。除了長長的鬍子外，他們的臉剃得很乾淨。他們穿著緊身的布料，在掛劍的地方繫著腰帶。但他們最喜歡的武器是單刃或雙刃的斧頭，法蘭克戰斧（la francisque），尖銳的厚鐵，由極短的柄支撐。他們還有一種特殊的武器，稱為懸鉤（hang），亦即鉤子（hameçon）。這是一種帶有鋒利鉤子的短槍，可以鉤住羅馬盾牌。法蘭克人對戰爭有種熱愛與興趣。正是戰爭讓他們得以在此世致富，並在瓦哈拉與神同席。他們當中最年輕與最野蠻的，有時會在戰鬥中體驗到瘋狂的狂喜，在其間他們變得對痛苦無感，並被賦予某種難以置信的能量。在重傷時，他們依然站立，戰鬥到死。

　　西哥特人（Wisigoths）和勃艮地人（Burgondes）對高盧南部與東部省分的征服，完全不如法蘭克人對北部的征服那麼暴力。這兩個民族長期遊蕩在日耳曼的土地上，和所有人都產生衝突；出於必要，他們帶著女人和小孩，移民到羅馬的土地上。他們是透過協商，才能成功定居於該地。進入高盧時，他們也變成了基督徒，他們屬於亞利安教派，但他們還是表現出寬容。勃艮地人──現在的法國勃艮地地區的人──向來就比西哥特人更寬容，並且以其和善聞名。他們長期一連串的戰敗，完成於一場災難，史詩尼伯龍根（Nibelungen）便是以此為基礎，這都讓他們的性格變得柔和，並且粉碎了他們作為野蠻人與征服者的驕傲。他們並不將羅馬人視為他們的農奴，而是與他們平等的人，並且在打招呼時稱他們為「老爹」或「大叔」。

他們在羅馬人懷疑的目光下，擦亮他們的臂膀或是為他們的長髮上油，以他們樸質的性情引吭高歌。

至於西哥特人，即位於隆河、羅亞爾河和加龍河之間的一切城鎮的征服者，則對文明即其法則表現出某種興趣。長期的穿越希臘與帝國的遠征，讓他們接受必須保留羅馬政府的法規。阿陶夫（Ataülf），阿拉里克王（roi Alarik）的繼任者，將部隊從義大利派遣到納伯內省（la province narbonnaise）。他想讓羅馬的土地順服於一個稱為哥特（Gothie）的新帝國。但是，眼見自己的人民欠缺紀律，他斷定最好不要觸及法律，少了它共和國將不成其為共和國。後人將視他為帝國的野蠻復辟者。

克洛多維西出現在羅亞爾河岸邊時，驚恐已經比他的部隊早一步抵達了。在入侵期間，法蘭克人總是表現得殘忍而充滿報復心。他們的決心，也和高盧－羅馬人和西哥特人的抵抗一樣有理。一群貪婪而凶狠的群眾一直擴張到庇里牛斯山，讓城市淪為廢墟，荒無人煙。他們分了這個國家的財富，然後回到羅亞爾河，克洛多維西將在那裡受洗成為天主教徒。

532 年，克洛多維西的兒子和繼任者之一，提奧德瑞克，對他的戰士們說：「跟我到阿爾維尼地區（Arvernes），我會帶你們進入一片金銀要拿多少看你高興的地方，一片你將奪取大量羊群、奴隸與衣服的地方。」法蘭克人拿起了武器，再次渡過羅亞爾河，往畢特里芝（Bituriges）和阿爾維尼兩族的領土前進。一切都被毀滅了，教會和修院全被剷平到只剩地基。年輕男子與年輕女子被拖在行李後面，雙手綁著，好作為奴隸出售。居民大量死去，或是被劫掠一空。「他們所擁有的一切都沒給他們留下，」一個編年史家說道，「除了土地，野蠻人拿不走。」

在法蘭克人國王中，克洛多維西算是個政治家。是他為了建立帝國，放棄了北方的諸神崇拜而接受了基督教，而讓自己連結於正統主教。然而，儘管他喜歡高級教士，儘管他與羅馬人妥協，但他還是受到其民族風俗的影響。法蘭克人長期順服於其血腥的衝動，並讓劫掠的次數倍增。火災與搶劫並未放過城市，也沒放過鄉村，更不要說教堂了。

法蘭克人戰役的文獻匱乏，這部分是因為他們改信天主教所致，這種改宗流行於整個高盧，並且希望刪除過去流血的痕跡。真正的罪人，名字上的傳說被劃去了，而他們的罪則大多被歸給了匈奴人和汪達爾人。

人們已經忘了奧古斯當・提耶利，而他的歷史著作則遭到流放。關於血統的權利、土地權利、這個或那個文明的至上性（suprématie），或是為了不論哪種婉轉說法而壓制「種族」一詞，談論這些的人，都應讀讀：「儘管我們從名字到心都是法國人，是同一個祖國的孩子，但我們並不是同一個祖先的後裔。打從最早的時期開始，幾個不同種族的人口群體就住在高盧境內……」

因此，我們是高盧人、凱爾特人、羅馬人、汪達爾人、匈奴人、日耳曼人、諾曼人、匈牙利人、阿拉伯人。

在六〇年代，我們與法蘭絲・蓋兒（France Gall）一起唱道：

這是誰的瘋狂點子

在某一天發明學校？

是這個神聖的查理曼

神聖的查理曼

只是他的名字是卡爾・馬格努斯，是個日耳曼人。

「玫瑰與鈴蘭生長的地方
也會生出蜀葵花」

　　柏林，2013 年 2 月 9 日──這天下午，我在街上隨意漫步，在寒風中，在平靜的人群中，每個人都悠閒地為您讓路。讓得有人行道那麼寬。車流稀少。不單是建築，還有翻新的舊牆面，都顯得像是雕塑，甚至像是裹著一層鮮奶油的蛋糕；至於當今的建築，看起來則像是巨型玩具。裡頭沒有人住：我們把它們蓋起來，這就夠了。我進了大賣場，就像是城中之城一樣；裡頭堆著足夠讓至少十倍於全部人口穿的衣服。我買了一雙鞋：你永遠不知道什麼時候用得上。

　　他們當中許多人，在牆倒下之前，前來柏林討生活，但在那之後卻沒留下。柏林對他們而言已經不再存在了，而他們所認識的一切都沒能存活下來。這座城市瀕臨死亡，或許是因為太想活著，太想重建。然而，在綠色的建築表面和高如懸崖的混凝土上，在不鏽鋼的梁柱之間，已經有帶著病容的小花破土而出：它們是我們最後的拯救，我們則向它們顫抖的唇瓣致意。

　　柏林，夜晚。一陣寒風穿透我的身子。我喜歡這個說法：「天公做冷（il fait froid）」[24]。做冷：「做」這個動詞讓冷更冷了——「有冷」（avoir froid）的說法讓冷回暖，「是冷」（être froid）的說法讓血液凍結。「德國的春天，不會到來，直到永遠，」班雅明說。

　　在一個無垠的天花板底下的一間咖啡屋，喝一杯葡萄酒。所有人都說著義大利語。這裡的義大利人並沒有不幸，儘管遠離了他們的陽光，遠離了他們的熱情洋溢。就像差不多世界上任何地方一樣，他們重新打造了一個小義大利。來吧，喝一瓶托斯卡尼區 Bolgheri 鎮的 Ruit Hora 紅酒。

　　高腳緊密螺旋的杯子裡酒味惡劣。他想透透氣。空氣裡有櫻桃成熟的氣味。
我想起蕁麻田，壞小孩會朝我們扔東西，讓我們赤裸的雙腿感到鮮活的疼痛。我
想起了我的童年，想起了無慮的笑容，七月溫軟的草葉。夏日，陽光張開雙臂曬
得我們赤裸的頸背發紅。我愛，當我想起兒時。一顆海星在沙灘上：我為它哭了，
哭它的僵硬，哭它完美的死。

　　兒時的眼淚揩在一句熟記的詩句上。在講台上，我一字不差地背誦我的詩，單腳站著。全班都樂壞了，所有人都喊著：「禿鸛！禿鸛！」

　　像非洲沼澤裡的鸛鳥，我手裡抓著腳骨，平衡中我堅定地繼續：

我將不再說話，我將不再思考：

但無限的愛讓我上升到靈魂，

而我將遠離，遠去宛如吉普賽人，

按著本性，幸福得宛如有女相伴。

　　我聽到我的同學們喝我倒采。我冒著大顆汗珠，深陷在地裡毫無救援。而我所有可悲的羞怯就像坍塌在指揮官身上的一面牆一樣。穿著藍色尼龍罩衫的男孩們怕我，他們的傻笑消逝：這首詩完成了。

24. 法文中，說天氣的句型是 il fait ...。Fait 是動詞 faire 的變位，是「做、製造」的意思。說天氣好是 Il fait beau，beau 是美的意思。故此處取俗語「天公不做美」的表達方式翻譯。

「最和諧之悲痛
　的喜悅」

　　巴黎，1933 年 10 月 26 日——華特·班雅明下榻於皇宮飯店（Palace Hôtel），在都佛路（rue Dufour），聖日耳曼區（Saint-Germain）。他離開伊比薩島時，因為瘧疾而嚴重衰弱。他孤身一人，身無分文。他繼續和格瑞塔·卡爾普呂思（Greta Karplus）通信，署名德特列夫·霍爾茲，而她則署名菲莉西達（Felicitas）——或是你的小菲莉西達，或甚至是你的老菲莉西達。「說到這，我們所選擇的名字的含義：那是為了讓我們彷彿真的變成了另一個存在——而不只是個遊戲，像是暱稱。我們投注了如此大的熱情在其中，經常與我們真實的生活相反。」

　　對格瑞塔而言，這個筆名有時將她化為一個「小說人物」。這些通信一點也不無聊：「一段像我們這樣的關係，除了它所帶來的巨大危險之外，它還有可觀的好處，特別是對那些絕對原創而獨一無二，以至於不可能與他人相合併讓自己獨特的面容消失在其中的人。」

　　她總是對他表現出溫柔，直到曖昧：「我思念你。你感覺到我說的了嗎？」或甚至：「我飢渴於你的文字。晚安，我的小木頭，為了讓我開心，好好睡，早點好起來。我熱切等著你的回音。」

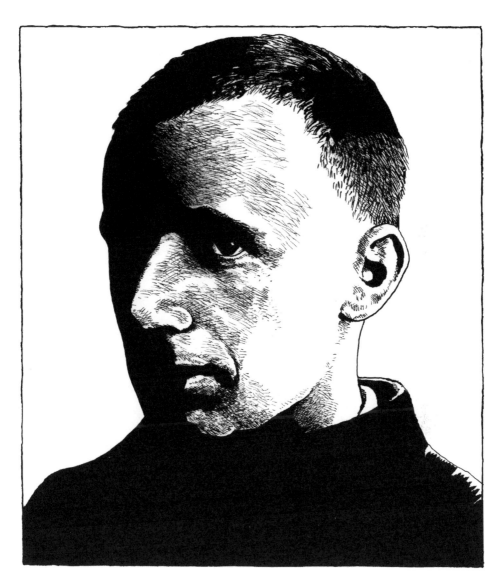

　　這段關係，他們意圖讓它保持真誠──並且隱密。在這些信裡，班雅明對她比對他的朋友阿多諾、舒勒姆或貝爾托特‧布萊希特等更為交心，和這些人在一起總是用知識分子的表達方式，並且，經常，得過度批判。

　　她繼續定期給他寄錢，匯票形式的「小張粉紅紙」。

　　到了十二月，又一次，班雅明感到「心力交瘁」。在他眼裡，一切都單調乏味。孤獨的重負令他難以忍受。不論他如何努力，都無法與巴黎人產生真正的友誼。

　　自從阿道夫・希特勒掌權後，巴黎共計來了三萬名德國難民。法國當時是接
收難民之地。反法西斯組織不斷倍增。流亡者的聲音找到了回音。一座「自由的
圖書館」（Bibliothèque de la liberté）面世了，在其目的當中，包括找回並聚集
所有被納粹燒掉的書。但班雅明與這個活動保持距離，就像他在柏林對所有積極
活動轉過頭去一樣。至於移民的共產黨員的組織，反而主動拒絕了班雅明，認為
他太不正統。

　　移民者，班雅明迴避他們，就算在咖啡裡館裡面也是。「移民比德國佬（les boches）更糟，」他對舒勒姆坦承。

　　過節時，離家萬里，他重拾勇氣，並且在幾年後，重新投入關於《拱廊街》（*Livre des passages*）的筆記，他從 1927 到 1940 年間不時重寫，並且最終定名為《巴黎，十九世紀的首都》的一本書。

　　在六章裡，他將試圖作為「唯物主義歷史學家」，揭示十九世紀的祕密——完全就像是他的論文〈德國巴洛克戲劇的起源〉一樣，是個回溯十七世紀的嘗試。

在每一章裡，都有個作者被連結於某項科技發明或是某個環境：傅立葉或是拱廊街、達蓋爾或是全景圖、格朗德維爾或是萬國博覽會、路易－菲利普或是室內、波特萊爾或是巴黎街道、豪斯曼或是街壘。

班雅明認真地處理這些章節，以了解每個技術創新所隱藏的社會烏托邦——以及不幸：「科技背叛了人類，並將新娘的床褥轉變成鮮血的浴缸。」他拼湊著這些未經評論的引文，這些思想的閃光，被他精心分配在一種依舊部分難以理解的安排中。這本書，尚未完成，顯得像是「散落的材料與廢墟的原野」。面對這艱深而晦澀的理論建構，讀者——必須是最嚴格的讀者——必須將自己變成「歷史的天使」。

班雅明深感興趣的是十九世紀的材料：鐵和玻璃，用來製造火車站、大廳與廊道。他在鐵當中看見了皮條客的隱喻，在玻璃中看見妓女的隱喻。這些材料，被他放回原本的位置，未完成的古典主義的位置，帶著其廊柱與其他古代裝飾。在他看來，這個鐵與玻璃的世紀顯然是「魔術幻影的」（fantasmagorique ）。但二十世紀的材料，混凝土，又代表了什麼呢？它指出了什麼樣的幻影，是過去的世界並未賦予它的？混凝土將過去的一切抹消（fait table rase）。它是歷史的死敵。透過它持續的堅固，它覬覦永恆，亦即歷史的終結。在澆注混凝土中，十九世紀本想提供給二十世紀的夢也被遺忘了。二十世紀注入了二十一世紀，絲毫不受懲罰。

當他把題為〈漫遊者〉的章節寄送給紐約的社會研究所後，阿多諾和霍克海默將拒絕刊登。

現在，他每天都去國家圖書館——這裡已經不再借書了，因此他不得不整天坐在大閱覽室裡度過。但圖書館在六點關門，他得回到自己的住處，獨自面對自己，在漫長的夜裡。

　　有時候，但很難得的是，他會和某個相識的人一起離開，例如漢娜·鄂蘭，他在 1930 年認識的，那時她是他表親威廉·史登（William Stern）的配偶。那天夜裡，她在國家圖書館出口等他。他為她讀了他最後的文字——他喜歡高聲朗誦——接著他們在巴黎信步而行，直到深夜。她溫柔地稱他為「班吉」（Benji）。

根據 1933 年 7 月 24 日的法令，帝國內閣（Reichskabinett）所採納的撤銷國籍取得與喪失公民權的法令，班雅明作為東方猶太人，失去了德國國籍。他的父親在柏林住了將近五十年，而他的祖父是維也納重要實業家的事實，並沒有改變什麼。他因此成了無證件者（sans papiers）。

到了 2 月時，他的財務狀況惡化。他幾乎付不出房租。《世界報》（Monde）欠的費用尚未寄來。威利·哈斯（Willy Haas）的《文學世界》（Die Literarische Welt）月刊也欠他錢。而既然該期刊不再發行，他也不會得到報酬。

因此，他能存活下來，靠的是「粉紅色的小紙」。白晝間，他繼續睡著，彷彿全然無感，「既不需要什麼，也不見什麼人」。他至少還有一個安慰，就是關於《拱廊街》的書還有進展。

3 月，他又試了一次要認識人。前出版商弗杭斯瓦·貝爾諾雅（François Bernouard）接待了他。他主持一個文學俱樂部，「1914 年之友」，並計畫邀請他去。這個提案沒有下文。

他拜訪了西維爾·畢區（Sylvia Beach），「莎士比亞書店」的書商，詹姆士，喬伊斯的編輯，並找到了一名對話者。除了漢娜·鄂蘭，他也很快將與攝影師吉賽爾·弗洛因德（Gisèle Freund）建立友誼。

「太陽照耀，鳥兒就笑」，格瑞塔說。她去電影院，發現了美國影片。在喬治·庫克（George Cukor）的《八點晚餐》（Dinner at Eight）放映時，她興奮不已：「這部片有太多可說的了，我們幾乎有電影要轉為藝術的印象。」

1934 年 4 月 3 日——班雅明離開了爐灶街（rue du Four），住到他妹妹朵拉的地方，在茉莉街（rue Jasmin）25 號之一，第十六區。美好的日子到來了，帶著開花的樹——「春天讓資產階級像小男孩一樣顫抖。」

對他而言，格瑞塔持續生病。似乎沒有任何療法能夠緩解她的頭痛與體重下降。她生氣了：「除了少數例外，醫生只不過是擁有學位的傭人罷了。」然而，對她而言，生活在德國繼續著。她管理自己的鞋工廠，也不再擔心納粹政權。她建議班雅明加入德語作家公會（Chambre des écrivains allemands），好讓他能在自己的國家發表。她邀請他前來柏林好強調她的要求。班雅明並未回覆。他完全投入在他的巴黎生活中，在絕望與熱切之間不斷擺盪：「我又一次做了令我自己驚訝的事。但這導致的近乎徹底的隔離，讓我連內心深處都疲憊不堪，並讓我絕望地嘗試要找回一種能讓我再次與人類接觸的形式。」

5月24日，他寫信給她說：「事情有時候能容易些，如果你知道在什麼形式底下，你在我的生命樹上設想的異國的耐寒花朵，幾乎所有的葉子都掉落了。」

他和《新法蘭西評論》（La Nouvelle Revue Française）取得聯繫。5月25日，讓‧包蘭（Jean Paulhan）電報回覆道：「我很樂意認識您。您是否有可能在下週找天晚上六點（週一和週六除外）到《新法蘭西評論》來？」

班雅明寫了篇關於約翰‧雅可布‧巴霍芬（Johann Jakob Bachofen）的論文。包蘭一年後拒絕此文，斬釘截鐵：「您的風格如此不確定、經常出錯、與主題的困難幾乎毫不相符，以至於我甚至不知該如何建議您修改或改善；整份研究都得重寫。」圍繞著《新法蘭西評論》的小世界對他而言成了徹底的禁地。

格瑞塔記得一段久遠的談話：「你有一天跟我說，一個男人若不忠誠就無法過上正確的生活，但在女人而言則不同。」班雅明並未說明他的想法，並且不再談論愛。在格瑞塔的請求中，他固執地反對一種無聲的禮貌。

他是她的什麼呢？朋友？一個想像中的情人？第二個姘夫？──「我們住在一起我很喜歡，但我不知道你怎麼看，也沒和 T（泰迪，Teddie）談過。」

班雅明占據了「大哥哥」或是「溫柔的告解者」的位置。至於格瑞塔,她經常模稜兩可,任其發展,在她疲憊的時刻,對於她很快便自行約束的信任:「我愛泰迪,我可以背叛我的朋友,並犯下可恥的事。」

　　她很容易心煩,以一種混亂的方式表達自己,將她祕密的慾望與遺憾混在一起。用她的話說,玫瑰也有刺,事情並不那麼玫瑰色——「這件事我倆知道就好。」

　　在通信當中,問題又回來了,煩人的問題:「友誼與愛情之間的微妙邊界究竟在哪?」

　　在他們的通信當中,從來沒有什麼反對他們的。他們之間的共謀永垂不朽。除了一次,在她談到貝爾托特·布萊希特的時候,班雅明從 1929 年 5 月起便認識他了。和阿多諾與舒勒姆一樣,她對這位流亡到丹麥的劇作家也有同樣的厭惡。是他的藝術、他的人,或是他刺耳的馬克思主義讓他們感到討厭嗎?他們從不放過對班雅明提起他的機會。儘管格瑞塔習慣上會迴避這個主題,但在 5 月 27 日,她再也壓抑不住她的感受:「我們幾乎不談布萊希特。我和他認識不如你久,也不如你深,但他以極大的保留給予我靈感。在此我只想提一點:儘管如此,當然,據我所知,他有時完全缺乏常識。與其進入細節,在我看來此刻似乎更重要的是表明,有時我有這樣的感覺,就是你在某種程度上受到他的影響,這對你而言構成了巨大的威脅。」

　　至於布萊希特這邊,他完全沒少以敵意回敬他們。對他而言,弗雷德里西·波洛克(Friedrich Pollock)和霍克海默只是「一對小丑」,前者出身良好家庭,後者是百萬富翁——「靠著他們的錢,他們將十幾個知識分子提到水上,而他們反過來則被迫將一切的作品交給他們,而不保證能出版。」

　　1934 年 7 月,班雅明前往布萊希特在丹麥的住處,在斯可夫斯波斯特蘭(Skovsbostrand),位於菲因島(Fionie)南端。他在那兒度過了三個夏天。天色長灰。附近沒有任何步道,因此在白天他只能坐在自己的書桌前,在傾斜的屋簷下有時會有一絲陽光回暖。夜裡,這兩個朋友發起了無止境的爭論。「然後,下一兩盤西洋棋,可以為我的生活帶來一點多樣性,我的生活也染上了海峽的灰色和一致性,因為我很少贏。」

　　班雅明抱怨缺錢。他不想濫用布萊希特的慷慨。他也向格瑞塔請求再次寄給他一張「粉紅色的小紙」。

　　在丹麥，班雅明第一次在廣播裡聽見了希特勒的聲音。「你可以想像那效果，」他寫給舒勒姆說。

　　十月底，班雅明動身前往馬賽，為了認識尚‧巴拉爾，《南方筆記》的編輯，也是他唯一真正的法國對話者。他對安德烈‧布列東極感興趣，後者才剛發表了《黎明時刻》（*Point du jour*）。他想「深入地」讀一讀。

在 1935 年 2 月 10 日，班雅明抵達了聖雷莫（San Remo）這座綠色城市，到他前妻朵拉的家族買下的公寓。

「我連著好幾個小時、好幾天心情惡劣，我已經好幾年沒有這樣了。並不是因為那種人們在生命太滿的時期中所感到的痛苦，而是因為某種以流淌在空洞中的虛幻為食的苦澀。」

　　「對我而言完全清楚明瞭，這種性情的根源，有我在這裡的生活條件，以及我無可想像的孤獨，被割離於不只是人們、乃至還有書籍的事實，以及，說到底，被割離於自然本身的事實──因為天氣太差。每晚九點不到就上床，每天走那幾條我肯定先前已經走過的路徑，一個人也沒遇上，每天重複咀嚼同樣乏味的關於未來的思索，是這樣的生活條件，最終只能激發某種嚴重的危機，就連一個內在素質極為強健的人也會如此。」

給讀者的廣告

　　1935 年 3 月，班雅明住在摩納哥及其周邊附近。他身無分文，更甚以往。他告訴自己出版什麼都好，為了維生。社會研究所的某些成員準備好要橫渡大西洋，前往日內瓦。他打算要見見他們。或許他們可以前來幫他。在巴黎，他的妹妹染了重病，排除了住在她那兒的可能——「因此我看不出來我為什麼要勞累籌錢給前往巴黎的旅程。一旦到了火車站，我就無法走得比這兒更遠了。」

　　他的處境相當令人不安:「天氣很好。如果我們在白天或是下午散步時走得
太遠,我們會抵達這樣一個地方,在這裡,在某一刻,我們會無論如何依然對生
命感到滿意。相反地,在回程的路上,缺乏勇氣跨過欠款的旅館門檻,在這兒他
們還是跟滑稽可笑的人打招呼,老闆的面容就是滑稽可笑。」

　　格瑞塔想安慰他:「但願我有絲毫美好的喜悅可以為你拿去典當。」

　　一件她比什麼都更在乎的事情是：班雅明的《拱廊街》進度。她建議他不要在《社會研究雜誌》（*Zeitschrift für Sozialforschung*）出版，這雜誌是社會學研究所的期刊，在霍克海默的權威下主持：「框架相應地太過狹窄，而你永遠無法寫你真正的朋友多年期待你寫的作品，亦即一本哲學巨著，只因其意願而存在，毫不妥協，並按其重要性，應該能大大地補償你過去的這幾年。」

　　她還堅持要他遠離一切拖累，不論後果如何。

　　班雅明回到了巴黎。波洛克（Pollock）從社會研究所給了他一筆不小的幫助──但也是暫時的。再一次，他住進了一間破舊的出租房，侯貝－朗戴花園道（villa Robert-Lindet）七號，在第十五區。

　　現在，他寫給格瑞塔的信少多了。她為此抱怨。她覺得他「沉默寡言」。

　　在回信中，他告訴她，給孩子讀的最好的法文新書中，主角是隻大象，叫做巴巴爾（Babar）。

為了逃離他的問題，從外在的世界撤守，他躲進了書中：「既然一切表現出安慰的都發生在精神的王國中，我不想再離開後者。」眼前的未來對他而言是如此黑暗。再一次，他乞求「一小張紙片」。

　　10月，他住進了貝爾納街（rue Bénard）23號，在第十四區。他的情緒更低落了。他的思想有種先知的口吻：「我不知道我還能否在西歐長久活下去；我只知道，如果預期壽命和現在一樣，那它將隨著時間大幅減少。」

　　然而，他還是不停工作，並且經常造訪書商雅德里安・莫尼耶（Adrienne Monnier），他越來越欣賞她——而她也是。她還經營一間出租圖書館，還好有這座圖書館，他才能夠有系統地深入研究那些處理十九世紀巴黎的著作，以及攝影和多種藝術理論。因此，在1935年10月9日的一封信中，他興奮地說道：「最近幾個禮拜，我已經辨認出當前藝術的祕密結構——藝術的當前處境——這能讓我了解什麼對我們而言是決定性的，以及在十九世紀藝術的『命運』中第一次占主導地位的是什麼。」他並非毫無承認自己的理論可能會變成某種祕傳思想，他總結道：「我所發現的十九世紀藝術的面向，是除了『現在』之外，它是無法認識的：它過去未曾存在，未來也不會存在。」

　　他沒忘記補充：「我用一隻手臂擁著你，這隻手臂已經許久沒有做這動作的習慣了。」

　　現在，他與皮耶・克羅索夫斯基（Pierre Klossowski）合作，後者為他翻譯他少數法文出版的文章。透過他的中介，他終於可以「小心萬分地」接近安德烈・布列東的圈子。1936年1月9日，他向格瑞塔宣布：「下週二，我將參加小組的會議。」

　　這事將不會有下文。

　　7月初，他去了他朋友布萊希特家裡，在丹麥崢嶸的岸邊。他盡可能地追蹤發生在西班牙的事件，但卻不理解丹麥電台的內容，並且找不到法文報紙。

　　他掛慮著剛爆發的內戰，從他在伊比薩島聽聞這消息起——這對他而言如此珍貴的島嶼。他知道突然降臨西班牙的這事將會有什麼後果，特別是在法國。儘管他並不知道突如其來的災難到什麼程度才標示歐洲傾覆的開始。但他自問依然免於獨裁的半個地球還能維持多少時間，以及還有多久「這一半得和另一半交換」。

　　他並非對世情冷漠，但他保持著距離。首先是因為他很孤立。再來是因為他沒有觀眾，與為數眾多、來自所有千差萬別的領域的知識分子相反。例如達達主義者拉烏爾・豪斯曼（Raoul Hausmann），他的柏林同胞。他住柏林的時期相當於他在伊比薩島的時期——但班雅明和他並無交往。他曾經主持過外國人反法西斯委員會（le Comité antifasciste des étrangers），在被長槍黨和蓋世太保追捕之前。

　　一年前，保險互助會（la Mutualité）裡維持著國際代表大會（le Congrès international）以維護文化。作家們試圖建立反抗法西斯的戰線。班雅明協助辦理研討會與討論會，但並未發言。布萊希特出言譏刺，無懼駭人。照他看，如果在四天內知識分子們能拯救巴黎的文化，這抵得上一千到兩千萬條生命。

　　在內戰的前幾個小時，藝術史學家艾利・佛爾（Élie Faure）前去幫助共和軍。這是個六十三歲的男人——生病的他，幾個月後會死在巴黎。在 1937 年 10 月 29 日——他去到了巴塞隆納、馬德里、托雷多（Tolède），以及瓜達拉馬（Guadarrama）的前線。

　　他的投入感動了年輕的戰士，他們全都想和「法國作家」握手。他對西班牙
人民的忠誠是絕對的：「這個西班牙民族，如此遭人誤解、如此剛強地面對苦痛、
如此徹底地誠實，他們都是民主主義者，在這個詞現實主義與通常的意義上，他
們都是平等主義者，驕傲，天性喜樂，個性敏感，智性深重又幽微，忍受著人類
的義務，儘管他們也是狂熱的魔術師，他們對生命的絕望觀念中生出了強大的幽
默，直到他們對死亡的品味。」

　　在他的《回憶錄》裡，路易‧布紐爾對艾利‧佛爾說：「我還會看到他房間的窗戶，和他貼在腳踝上的襯褲，看著路上的遊行，變成日常。他看著武裝的人們，激動地哭了。」

　　艾利‧佛爾知道，如果共和西班牙投降了，「全世界的偉大都將沉淪」。不是共和西班牙存活，就是「我們全都死」。他對萊昂‧布魯姆（Léon Blum）的懦弱與徹底缺乏鬥志感到憤慨，這人還是他在亨利四世中學的同窗。在「一個煎熬的夜裡」，1937 年 3 月 14 到 15 日的夜裡，他寫下自己的遺囑，發出絕望的呼籲：

　　「萊昂・布魯姆,您身負人民大眾的希望。您已經為他們做了許多,您還會
繼續這麼做,而他們也知道這點。但正是為此,他們無能理解到您已經放棄了西
班牙。他們並未要求您給西班牙協助,並不比西班牙自己要求的更多。他們要求
您的,和西班牙一樣,是要尊重它的權利,是為法國採買武器、彈藥、食物。它
還向您要求,它的要求不過如此。」

　　「〔……〕萊昂・布魯姆，您這麼有教養又胸襟寬大的人，您還等什麼才願
行動呢？表現出您配得上看著您的痛苦人民、配得上法國吧！它被汙衊、被玷
汙、被拖行在髒汙中；每天都被它的大型媒體汙辱與謀殺。展現您配得上您自己
吧。如果您行動，萊昂・布魯姆，您可以想像您將擁有如何強大的無限力量，在
法國內外。」

　　對於上演中的悲劇，班雅明不置一詞，或近乎如此。在他看來，悲傷的是「那些思考者的緘默，正是因為他們思考，因此證明了難以將自己看作知道的人」。而他承認自己也屬於這些人。

　　1936 年，屬於人民陣線（Front populaire）的一年。班雅明對此非常感興趣，但卻抱著懷疑。一年後他的感受更加尖銳：他譴責這個跛腳聯盟的墨守成規，無能代表社會主義。

　　在他的《歷史哲學論綱》裡，班雅明將自己當成僧侶，其戒律是要教導對全世界的虛浮的蔑視。他鞭笞那些號稱反對法西斯主義的政治人物，因為在他看來，他們背叛了自己的理念。他們對進步與「大眾」的盲目信心，以及「他們對一架不可控制的機器的投入」，奪走了他們一切的信譽。他們永遠只是政治人物。班雅明拒絕和他們有任何共謀。歷史證明他有理。

　　1936 年秋天，他出發前往聖雷莫（San Remo）。朵拉和他的兒子斯提反住在那裡。斯提反是個青少年，十八歲，正經歷一場嚴重的心理危機。他感到自己是某種暴力的遺棄感的受害者，並且拒絕和他的父母說話。他的痛苦有轉變成精神病的危險。班雅明心慌意亂。他看的心理醫師並未給他帶來任何幫助。他和斯提反一起踏上旅程，前往威尼斯與拉溫納（Ravenne）。幾天後，他氣惱地回來，將兒子交給朵拉，自己回到了巴黎。

　　1937 年 3 月，社會學學院（le Collège de sociologie）在巴黎創立，集結了米歇‧賴西（Michel Leiris）、侯哲‧凱瓦（Roger Caillois）、喬治‧巴塔耶和皮耶‧克羅索夫斯基。他和他們的關係非常密切，甚至是熱情，儘管有嚴重的分歧。他給他們起了個外號叫做「神聖社會學學院」，出自由性慾與形而上學所激勵的「祕密會社」。另一方面，巴塔耶欣賞班雅明的是他「極高的道德意識」。在他「凝結、僵硬、權威」的外表底下，他覺得他有「一個天使的靈魂」，並補充道：「因為這真的是個天使般的人，就像個臉上被人貼了鬍子的孩子一樣。」

　　此刻，班雅明為《社會研究雜誌》工作，在霍克海默以及特別是阿多諾的密切注意底下。他們的觀點不完全和他的一樣，但他待他們以同樣程度的順服與禮貌。社會研究所對他而言幾乎是唯一的收入來源——儘管非常微薄。他每月得到一千五百法郎，等到他在 1937 年秋天，成為永久合作者之後，外加八十五美元。

　　他和研究所裡的嚴格馬克思主義陣線之間的爭論曾經多次爆發，但他最終總是接受對方，主要是出於財務的動機，沒有更讓他絕望的事了。他的慘況嚴重：他的錢只夠租一間不舒服的房間。一般而言，他並不會每餐都吃，情況也不允許他買書。研究所的合作者們薪資不高，但所長和他的親信卻給自己保留不低的薪水。然而，霍克海默以他的方式支持班雅明的工作，儘管他們意見不合。

　　1938 年 1 月，班雅明住在東巴斯勒路（rue Dombasle）10 號，在十五區。這將是他在巴黎的最後一個地址。就像許多移民一樣，他更喜歡住在庇里牛斯區，或是外省，花費較便宜的地方。但他完全被《拱廊街》的工作給纏住，這讓他無法取得任何保存在國家圖書館裡的著作。

　　如果他感到在巴黎被孤立，那是，在其他原因之外，還因為他不讓步於譁眾取寵的戰鬥主義的決心。重要的並非在反對法西斯主義的藉口底下，採取反法西斯主義的姿態，將自己的思想出賣，以理念之名，不論這理念有多正確。

　　他並不屈服於新聞的壓力，嚴格地堅持自己作為哨兵的身分，守著尚未揭示
的歷史、一段當下欠被征服者的過去的歷史。它的信息，帶著明顯的彌賽亞主義
標記，是毫不妥協的：與野蠻戰鬥的語言什麼都不應出借給野蠻語言，也就是政
治宣傳──所有的政治宣傳。拯救世界，就是拯救語言。

　　班雅明熱愛巴黎，但卻不怎麼被巴黎所愛。儘管他的名字依然連結於這個城
市，連結於它最隱晦的部分：它的烏托邦天性。

　　在斷瓦殘垣中他察覺到救贖的應許。巴黎欠他太多。巴黎很快便應破解他神祕的話語。它應該自豪於自己夢想的古老世紀——十九世紀——，這是把持有夢想的鑰匙。自豪於這位晦澀的作家，同時也是評論家與哲學家，他為巴黎舉起一面放大鏡，透過這面鏡子，出現了失落者的歷史、廢棄物、失落的噪音、狂熱、傲慢與反抗。

　　1938 年 3 月 9 日，華特・班雅明懇求司法部長（ministre de la Justice）讓他獲得法國國籍。正義（la justice）並未回應他。

參考書目

Walter Benjamin
Correspondance I, II
Aubier Montaigne, Paris, 1979

Walter Benjamin, Gretel Adorno
Correspondance (1930-1940)
Gallimard, Paris, 2007

Walter Benjamin
Lettres françaises
Nous, Caen, 2013

Walter Benjamin
Œuvres I, II, III
Gallimard, Paris, 2000

Walter Benjamin
Charles Baudelaire.
Un poète lyrique à l'apogée du capitalisme
Payot, Paris, 1982

Walter Benjamin
Paris, capitale du XIXᵉ siècle
Cerf, Paris, 1989

Walter Benjamin
Écrits autobiographiques
Christian Bourgois, Paris, 1990

Walter Benjamin
Écrits français
Gallimard, Paris, 1991

Walter Benjamin
Images de pensée
Christian Bourgois, Paris, 1998

Walter Benjamin
Sens unique
précédé de *Une enfance berlinoise*
Maurice Nadeau, Paris, 2007

Walter Benjamin
Expérience et pauvreté
Payot & Rivages, Paris, 2011

Walter Benjamin
Critique et utopie
Payot & Rivages, Paris, 2012

Tilla Rudel
Walter Benjamin l'ange assassiné
Mengès, Paris, 2006

Bruno Tackels
Walter Benjamin. Une vie dans les textes
Actes Sud, Arles, 2009

Jean-Michel Palmier
Walter Benjamin
Les Belles-Lettres, Paris, 2010

Walter Benjamin. Archives
Klincksieck, Paris, 2011

Leonardo Sinisgalli
Poèmes d'hier
Orphée/La Différence, 1991

Franz Kafka
Journal
Bernard Grasset, Paris, 1954

Ludwig Hohl,
Paris 1926 – La Société de minuit
Attila, Paris, 2012

Léon-Paul Fargue
Le Piéton de Paris
Gallimard, 1932

Jean Follain
Agendas 1926-1971
Seghers, 1993

André Breton
Nadja
Gallimard, 1928

André Breton
Manifestes du surréalisme
Jean-Jacques Pauvert, Paris, 1962

André Breton
Entretiens
Gallimard, 1969

Hayden Herrera
Frida, biographie de Frida Kahlo
Anne Carrière, Paris, 1996

Jacques Hillairet
Évocation du Vieux Paris
Minuit, Paris, 1956

Élie Faure
Méditations catastrophiques
Édition établie par Jean-Paul Morel
Bartillat, Paris, 2006

Luis Buñuel,
Mon dernier soupir
Laffont, Paris, 1982